「絵を見て話せる タビトモ会話」の使い方

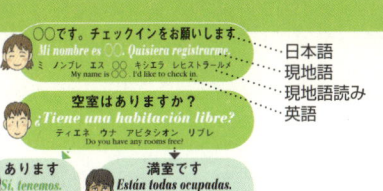

- 日本語
- 現地語
- 現地語読み
- 英語

日本人 / ペルー人

※日本人と現地のペルー人とをイラストでわかりやすく示し分けています。左側の男女が日本人、右側の男女がペルー人を表しています。

大きなイラスト単語

場面状況がわかる大イラスト。イラストに描かれている個々の名称、想定される単語なども詳しく示しました。フレーズ例と組み合わせる単語としても使えます。英語も付いています。

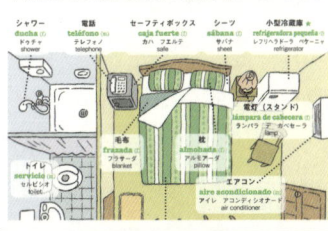

行動別インデックス

旅先でしたいことを行動別に検索できるカラーインデックス。それぞれ行動別に区切りをつけて色別に構成しました。さあ、あなたはこれから何をする?

使える!ワードバンク

入れかえ単語以外で、その場面で想定される単語、必要となる単語をひとまとめにしました。ちょっと知っておくと役立つ単語が豊富にあります。

ひとくちコラム

お国柄によって異なる文化、マナーやアドバイスなど役立つ情報を小さくまとめました。ほっとひと息つくときに読んでみるのもおすすめです。お国柄にちなんだイラストが案内してくれます。

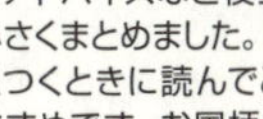

はみ出し情報

知っておくと便利な情報などをまとめました。おもしろネタもいっぱいで必見です。

本書は、海外旅行ヲ
外国の人たちとでき
語は話し言葉を紹介
なるべく原音に近い
ちが日常生活で使っ
が、異文化コミュニ

はじめよう / 歩こう / 食べよう / 買おう / 極めよう / 伝えよう / 日本の紹介 / 知っておこう

絵を見て話せる タビトモ会話 目次

はじめよう

マンガ　おしゃべり大好き …… 4

- あいさつをしよう ……………… 6
- 呼びかけよう …………………… 8
- 自己紹介をしよう ……………… 10
- ペルーの地域と人々 …………… 12

歩こう

マンガ　歩く両替商・
カンビスタ ………… 14

- ペルーを巡ろう ………………… 16
- リマを歩こう …………………… 18
- クスコを歩こう ………………… 20
- 乗り物に乗ろう ………………… 22
- 別の町へ移動しよう …………… 24
- 道を尋ねよう …………………… 26
- 観光しよう ……………………… 28
- ホテルに泊まろう ……………… 30

食べよう

マンガ　イモとトウモロコシの
日々 …………… 32

[これ、食べよう！　欲張りメニュー]
- 予約と注文 ……………………… 34
- スープと前菜 …………………… 36
- メイン料理（肉、魚） ………… 38
- ご飯、麺、おやつ、おつまみ … 40
- デザート、お菓子 ……………… 42
- アルコール、ドリンク ………… 44
- 調理方法と味付け ……………… 46
- 食材を選ぼう …………………… 48

買おう

マンガ　ペルーのおつり ……… 50

- お店を探そう …………………… 52
- 好きな色、柄、素材を探そう … 54
- 欲しいサイズ、アイテムを伝えよう … 56
- 日用品、食料品を探そう ……… 58
- ペルーみやげを買おう ………… 60

ペルー

ペルースペイン語 + 日本語／英語

*リマ

極めよう

マンガ　リャマ …………… 62

- ペルーの歴史を極めよう① ………………… 64
- ペルーの歴史を極めよう② ………………… 66
- マチュピチュへ行こう ……………………… 68
- ナスカの地上絵を見よう …………………… 70
- セルバの動植物を知ろう …………………… 72
- アンデスの織物を極めよう ………………… 74
- ペルーの音楽を極めよう …………………… 76
- ペルーの舞踊を極めよう …………………… 78
- 祭りに参加しよう …………………………… 80
- 暦、祭、イベント …………………………… 82

伝えよう

マンガ　ピニャータ ……… 84

- 数字、序数 …………………………………… 86
- 時間と一日 …………………………………… 88
- 年、月、日、曜日 …………………………… 90
- 家族、友だち、性格 ………………………… 92
- 趣味、職業 …………………………………… 94
- 自然、動植物とふれあおう ………………… 96
- 訪問しよう …………………………………… 98
- 動詞、疑問詞 ………………………………… 100
- 反意語、感情表現 …………………………… 102
- [さあ、困った！お助け会話]
- 体、体調 ……………………………………… 104
- 病気、ケガ …………………………………… 106
- 事故、トラブル ……………………………… 108
- column　ペルースペイン語の世界 …………… 110

日本の紹介

- 日本の地理 …………………………………112
- 日本の一年 …………………………………114
- 日本の文化 …………………………………116
- 日本の家族 …………………………………118
- 日本の料理 …………………………………120
- 日本の生活 …………………………………122
- column　ペルー人との付き合い方 …………124

知っておこう

- ペルーまるわかり …………………………126
- ペルースペイン語が上達する文法講座 …128
- ペルーにまつわる雑学ガイド ……………132
- ペルースペイン語で手紙を書こう！ ……135
- 50音順ペルースペイン語単語帳 …………136
  - お役立ち単語コラム
    - 出入国編 …………………………137
    - 電話・通信編 ……………………139
    - 両替編 ……………………………143

はじめよう

街や観光地で迷ったときは、この本を片手に臆せずに話しかけてみよう。きっと親切に教えてくれるはず!?

おしゃべり大好き

レストラン、公園、店頭などで、ペルー人に話しかけられ…

あなた、どこから来たの？

それに答えたら最後、

日本から

質問の嵐です

どこ行くの？

こっちに友だちいる？

セビッチェ食べた？

マチュピチュ見た？

ペルー人はおしゃべりが大好き

あこ　キリコ：世界中を旅するきままな日本人女子。モデルはあなたかもしれません。

あいさつを
しよう

Vamos a saludar
バモス ア サルダール
Greetings

おはよう
Buenos días.
ブエノス ディアス
Good morning.

こんにちは
Buenas tardes.
ブエナス タルデス
Good afternoon.

こんばんは／おやすみ
Buenas noches.
ブエナス ノーチェス
Good evening./Good night.

はじめまして／どうぞよろしく ★
Mucho gusto. / Encantado(-da). ★
ムーチョ グスト／エンカンタード（ダ）
It's nice to meet you.

どうもありがとう
Muchas gracias.
ムーチャス グラシアス
Thank you.

どういたしまして
De nada.
デ ナダ
You're welcome.

● 丁寧なあいさつ

ごきげんいかがですか？
¿Cómo le va?
コモ レ バ
How are you?

元気です。あなたは？
Muy bien, gracias. Y ¿a usted?
ムイ ビエン グラシアス イ ア ウステッ
I'm good. And you?

**元気です。
ありがとう**
*Bien,
gracias.*
ビエン
グラシアス
I'm good, thank you.

さようなら
Adiós.
アディオス
Goodbye.

さようなら。よい週末を
Adiós. Buen fin de semana.
アディオス ブエン フィン デ セマーナ
Good bye, have a nice weekend.

★ともに「はじめまして、どうぞよろしく」の意味。相手がMucho gusto.と言えば、こちらは
Encantado(-da). で返すことが多いが、どちらが先でも、同じ言葉で返しても構わない

お会いできて光栄です
Mucho gusto de conocerle.
ムーチョ グスト デ コノセールレ
It was a pleasure to meet you.

私もです
El gusto es mío.
エル グスト エス ミオ
The pleasure is mine.

> **ひとくちコラム**
>
> 「さようなら」の表現
> ペルーには「さようなら」の表現はたくさんある。すぐに会う相手には、Hasta ahora!（アスタアオラ）「今会おう＝またすぐに会おう」。Hasta la vista（アスタ ラ ビスタ）は「また会う日まで」。ペルー人がよく使う別れの言葉は、Chau!（チャウ）「じゃあ!」だ。

よい旅を！（見送る人が旅人に）
¡Buen viaje!
ブエン ビアヘ
Have a nice trip!

またいつか会いましょう
Nos vemos otro día.
ノス ベモス オトロ ディア
Let's meet again.

お世話になりました
Gracias por todo.
グラシアス ポル トード
Thank you for your help.

お体を大切に
Cuídese mucho.
クイデセ ムーチョ
Take care.

● 気軽なあいさつ

やぁ！調子はどう？
¡Hola! ¿Cómo estás?
オラ コモ エスタス
Hey! How're you doing?

やぁ！久しぶり、元気？
¡Hola, cuánto tiempo!, ¿qué tal?
オラ クアント ティエンポ ケ タル
Hey! Long time no see, how's it going?

まぁまぁかな
Más o menos.
マス オ メノス
I'm okay.

○○によろしく。また明日！
Saludos a ○○. ¡Hasta mañana!
サルードス ア ○○ アスタ マニャーナ
Tell ○○ I said hi. See you tomorrow!

またね！
¡Hasta luego!
アスタ ルエゴ
See you!

★ 話者が男性の場合はEncantado. 女性の場合はEncantada. となる

呼びかけよう

Vamos a llamar a alguien
バモス ア ジャマール ア アルギエン
Addressing Others

すみません
Disculpe.
ディスクルペ
Excuse me...

はい、なんでしょう
¿Sí, dígame?
シィ ディガメ
Yes?

写真を撮ってもらえますか？
¿Podría tomarme una foto?
ポドリーア トマールメ ウナ フォト
Could you take my picture?

ここを押すだけです
Sólo tiene que apretar aquí.
ソロ ティエネ ケ アプレタール アキ
Just push this button.

（あなたの）写真を撮ってもいいですか？
¿Le podría tomar una foto?
レ ポドリーア トマール ウナ フォト
Could I take a picture of you?

もちろんです
Sí, claro.
シィ クラーロ
Of course.

ごめんなさい
Perdón.
ペルドン
I'm sorry

ご親切にありがとう
Muy amable, gracias.
ムイ アマーブレ グラシアス
Thank you.

ご心配なく
No se preocupe.
ノ セ プレオクーペ
No problem.

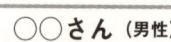

○○さん（男性）	○○さん（女性）	○○さん（未婚女性）
señor (Sr.)	**señora (Sra.)**	**señorita (Srta.)**
セニョール	セニョーラ	セニョリータ
Mr.	Mrs.	Ms.

○○さん（目上の男性）	○○さん（目上の女性）
Don 	**Doña** 
ドン	ドーニャ
Mr.	Ms. 

○○先生（教授）	○○先生（医者）
profesor (Prof.)	**doctor (Dr.)**
プロフェソール	ドクトール
Professor (Prof.)	Doctor (Dr.)

ひとくちコラム

Sr.とDonについて
男性にはSr.（セニョール）、女性にはSra.（セニョーラ）、未婚女性にはSrta.（セニョリータ）を、人の姓apellido（アペジード）につける。これに対し、Don（ドン）、Doña（ドーニャ）は、名前nombre（ノンブレ）につける。例えば、フジモリ元大統領の場合、Sr. Fujimori（セニョール フジモリ）、Don Alberto（ドン アルベルト）となる。

どうかしましたか？
¿Puedo ayudarle?
プエド アジュダールレ
What's wrong?

道に迷いました
Me he perdido.
メ エ ペルディード
I'm lost.

え、何ですか？
¿Cómo?
コモ
Yes?

もう一度言ってください
Dígame otra vez, por favor.
ディガメ オトラ ベス ポル ファボール
Could you say that once more?

もう少しゆっくり話してください
¿Puede hablar más despacio, por favor?
プエデ アブラール マス デスパシオ ポル ファボール
Could you speak a bit slower?

はい	いいえ	OK
Sí. シィ Yes.	**No.** ノ No.	**Ok/bien/listo** オーケイ／ビエン／リスト Okay.
わかりました	わかりません	(何かをすすめられて) 結構です
Entiendo. エンティエンド I understand.	**No entiendo.** ノ エンティエンド I don't understand.	**No, gracias.** ノ グラシアス No, thank you.
知っています	知りません	お願いします ★
Ya sé. ジャ セ I know.	**No sé.** ノ セ I don't know.	**Por favor.** ポル ファボール Please.

ちょっと失礼
Disculpe./Con permiso.
ディスクルペ コン ペルミソ
Sorry./Excuse me.

○○さんはいらっしゃいますか？
¿Se encuentra ○○?
セ エンクエントラ ○○
Is ○○ in?

大丈夫？
¿Está bien?
エスタ ビエン
Are you okay?

はい、大丈夫です
Sí, estoy bien.
シィ エストイ ビエン
Yes, I'm fine.

使える！ワードバンク　あいづち編

日本語	スペイン語	カナ
そのとおり	Claro.	クラーロ
(電話で) もしもし	¿Aló?	アロ
それはひどい	No puede ser.	ノ プエデ セール
まさか	Increíble.	インクレイーブレ
本当?!	¿De verdad?	デ ベルダッ
もちろん	Por supuesto.	ポル スプエスト
それで？	¿Y luego?	イ ルエゴ

★ Por favor（ポル ファボール）は英語のpleaseに相当する便利な言葉。付け加えると丁寧な印象だが、「ポ」を強く語尾を下げ気味にすると「お願いだからやめてよ」という拒絶になる

自己紹介をしよう

Vamos a presentarnos
バモス ア プレセンタールノス
Introductions

はじめまして。私（の名前）はアイです
Mucho gusto. Soy Ai.
ムーチョ グスト ソイ アイ
Nice to meet you, my name is Ai.

日本から来ました
Soy de Japón.
ソイ デ ハポン
I'm from Japan.

学生
estudiante (m,f)
エストゥディアンテ
student

会社員です ➡P94（職業）
Soy empleada (-do).
ソイ エンプレアーダ（ド）
I'm an office worker.

リタイア
jubilado(-da)
フビラード（ダ）
retiree

27歳です ➡P86（数字）
Tengo veintisiete años.
テンゴ ベインティシエテ アーニョス
I'm 27.

主婦
ama de casa (f)
アマ デ カサ
housewife

ペルーは2回目です
Es la segunda vez que vengo a Perú.
エス ラ セグンダ ベス ケ ベンゴ ア ペルー
This is my second time in Peru.

はじめて
primera vez
プリメーラ ベス
first time

6日間滞在します
Voy a estar 6 días en Perú.
ボイ ア エスタール セイス ディアス エン ペルー
I'm staying for 6 days.

観光
turismo (m)
トゥリスモ
tourism

○○のためにペルーに来ました
Vengo a Perú para ○○.
ベンゴ ア ペルー パラ ○○
I'm here for ○○.

仕事
trabajo (m)
トラバホ
work

私は独身です。あなたは？
Soy soltera(-ro). Y ¿Usted?
ソイ ソルテーラ（ロ）イ ウステッ
I'm single, you?

留学
estudio (m)
エストゥディオ
study

メールアドレスを書いてください
Me da su correo electrónico, por favor.
メ ダス コレオ エレクトロニコ ポル ファボール
Could you tell me your email address?

よろしく。私はスサナです
Encantada. Soy Susana.
エンカンターダ ソイ スサーナ
Nice to meet you. I'm Susana.

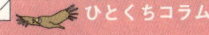 ひとくちコラム

敬語の表現
初対面では、年齢に関係なく丁寧な表現が多く使われる。ペルーでは年上や目上の人を敬う気持ちが強い。ある程度親しくなっても、敬語で話そう。

どこから来たのですか？
¿De dónde es?
デ ドンデ エス
Where are you from?

職業はなんですか？
¿A qué se dedica?
ア ケ セ デディカ
What do you do?

何歳ですか？
¿Cuántos años tiene?
クアントス アーニョス ティエネ
How old are you?

ペルーは初めてですか？
¿Es la primera vez que viene a Perú?
エス ラ プリメーラ ベス ケ ビエネ ア ペルー
Is this your first time in Peru?

何日間滞在しますか？
¿Cuántos días va a estar?
クアントス ディアス バ ア エスタール
How long are you staying?

既婚
casado(-da)
カサード(ダ)
married

旅の目的はなんですか？
¿Cuál es el motivo de su viaje?
クアル エス エル モティーボ デス ビアヘ
Why are you visiting Peru?

独身
soltero(-ra)
ソルテーロ(ラ)
single

結婚しています
Soy casada(-do).
ソイ カサーダ(ド)
I'm married.

子どもはいません／○人います
No tengo hijos. / Tengo ○ hijos.
ノ テンゴ イホス／テンゴ ○ イホス
I don't have any children./I have ○ children.

名前	住所	電話番号
nombre (m)	**dirección** (f)	**número de teléfono** (m)
ノンブレ  nombre Hiao Maruko	ディレクシオン	ヌメロ デ テレフォノ
name	address	phone number

はじめよう／歩こう／食べよう／買おう／極めよう／伝えよう／日本の紹介

★目上の人には3人称、友人同士では2人称を使う。動詞の活用（→P130）が変化するので注意

ペルーの地域と人々

Regiones y gentes del Perú
レヒオネス イ ヘンテス
デル ペルー
Area and people of Peru

南半球に位置するペルー。アンデスのイメージが強いが、アマゾンの密林や細長く広がる砂漠など、自然環境と気候により3地域に大きく分けられ、それぞれ風俗や文化も異なる。

（あなたの）出身はどこですか？
¿De dónde es usted?
デ ドンデ エス ウステッ
Where are you from?

セルバ★（森林／密林地帯）

selva (f)
セルバ
Amazon basin

熱帯雨林性気候。外部からの影響が少なく、多数の先住民が伝統的な生活を保つ。19世紀末以降、天然資源の開発と自然保護の間で翻弄された。人々は鷹揚で社交的。

コスタ（海岸地帯）

costa (f)
コスタ
coast

砂漠気候で少雨多湿、冬季は曇天が続く。欧州やアフリカの影響が強く残っていたが、山岳部からの移住者が増え、食文化や芸術も多様化した。人々はフランクで都会的。

ひとくちコラム

ペルー人とは？
16世紀にピサーロに征服されて以来、山岳と密林地帯の先住民に加えて、スペインやイタリア、アフリカ、中国、日本から移住者が流入し、多人種・多民族間の混血が進んだ。人口構成は先住民が47％、メスティソ（白人と先住民の混血）が40％、白人12％、その他（日系や中国人、黒人）が1％。
ペルー人の気質は、他のラテン諸国民よりは温厚で控えめだが、社会階層や場所、生活環境でも異なる。

シエラ（山岳地帯）

sierra (f)
シエラ
mountains

温暖多雨から氷雪地帯まで、標高による気候差が大きい。ポンチョ姿に代表される服装や言語、自然信仰など独自の文化が根強く残る。人々は礼儀正しく、人見知りな一面もある。

★アンデスの東側斜面からアマゾンにかけて広がる地帯

column ケチュア語を知ろう

インカ時代の公用語で、南米の先住民言語のひとつ。スペイン語ではQuechua（ケチュア）と表す。現在もスペイン語と並び一部で公的使用が認められている。アンデス諸国で約1000万人の話者がいるといわれるが、他の先住民言語やスペイン語との融合で地域により差異があり、ひとくくりにはできない。スペイン語教育の普及によりバイリンガルも多い。

あなたのお名前は？
Imataq sutiykiri?
イマタック スティイキリ
What's your name?

○○です。あなたのお名前は？
○○ sutiy, qanpa sutiykiri?
○○ スティイ カンパ スティイキリ
I'm ○○. What's your name?

△△です。出身はどこですか？
Noqaq sutiyqa △△. Maymantataq kankiri?
ノカック スティイッカ △△ マイマンタタック カンキリ
△△. Where are you from?

日本です *Japonmanta kani.* ハポンマンタ カニ I'm from Japan.	クスコ **Qosqo** コスコ Cuzco

はい **Arí.** アリ Yes.	いいえ **Mana.** マナ No.	おはよう★ **Buenos días.** ブエノス ディアス Good morning.
ありがとう **Yusulpayki.** ユスルパイキ Thank you.	さようなら(また会う日まで) **Tupananchiskama.** トゥパナンチスカマ See you again.	お元気で **Allinllayá.** アリンリャヤ Take care!
おいしい／きれい **Añañaw!** アニャニャウ delicious/pretty	楽しい **kusi** クシ fun	友達 **khunpa** クフゥンパ friend
家族 **ayllu** アイリュ family	1 **huk** フク one	2 **iskay** イスカイ two	3 **kinsa** キンサ three

★現代のケチュア語表現にはスペイン語が多く取り入れられており、「こんにちは」「こんばんは」などのあいさつはスペイン語を使用するのが一般的だ

歩こう

ドルが一般的に流通しているペルーだが、タクシーでは使えないことも。タクシー乗車時は両替を忘れずに。

歩く両替商・カンビスタ

両替と言えば、思い浮かべるのは、銀行やホテル、町中に店舗を構える両替商

しかし、ペルーにはカンビスタと呼ばれる「歩く両替商」がいます

カンビスタは公認のIDを持ち（非公認のあやしい人もいます）、「CAMBIO」と大きく書かれた揃いのベストを着け、片手に計算機を持ち、ポケットにユーロやドルを詰め、道ばたに立っています

日曜、祝日や夜間もいるし、レートも比較的安くて便利なのですが

偽札を掴まされることもあるので注意しましょう

地元の人は、どのカンビスタが信用できるのか知った上で使いこなしているので、地元の人に付き添ってもらったり、推薦してもらえば安心です

「あの人はOK」

知り合いがいない場合は避けた方が無難です

緊急の場合は小額にとどめておきましょう

「どっちょ」

「タクシーはドルが使えないことが多いから、タクシー分だけ…」

「疑ってますね…」

「おそるおそる」

ペルーを巡ろう

Vamos a viajar por Perú
バモス ア ビアハール
ポル ペルー
Wandering around Peru

南米大陸の西岸に位置し、面積は日本の3.4倍。首都はリマ。マチュピチュをはじめとする古代遺跡の多くは謎に包まれ、調査が続けられている。鳥類や植物種も豊富で、稀少な生物の宝庫だ。

- コロンビア COLOMBIA
- エクアドル ECUADOR
- ③ イキトス Iquitos
- ② チクラヨ Chiclayo
- ④ カハマルカ Cajamarca
- ブラジル BRASIL
- ❷ リオ・アビセオ国立公園
- チャン・チャン遺跡地帯 ❶
- ❸ ワスカラン国立公園
- ❹ チャビン(古代遺跡)
- ⑤ トルヒーヨ Trujillo
- ⓫ カラル遺跡
- ⑥ ワラス Huaraz
- ペルー PERÚ
- ① リマ Lima
- ❻ リマ歴史地区
- アンデス山脈
- マヌー国立公園 ❺
- マチュ・ピチュ歴史保護区 ❼
- ⑦ ナスカ Nazca
- ❽ クスコ市街
- ⑧ クスコ Cuzco
- ❾ ナスカとフマナ平原の地上絵
- ⑩ プーノ Puno
- チチカカ
- ボリビア BOLIVIA
- ⑨ アレキパ Arequipa
- ❿ アレキパ市歴史地区

世界遺産 Patrimonio de la Humanidad (m)
パトリモニオ デ ラ ウマニダッ

❶ チャン・チャン遺跡地帯
Zona arqueológica de Chan Chan
ソナ アルケオロヒカ デ チャン チャン

❷ リオ・アビセオ国立公園
Parque Nacional del Río Abiseo
パルケ ナシオナル デル リオ アビセオ

❸ ワスカラン国立公園 Parque Nacional de Huascarán
パルケ ナシオナル デ ウアスカラン

❹ チャビン(古代遺跡) Sitio arqueológico de Chavín
シティオ アルケオロヒコ デ チャビン

❺ マヌー国立公園 Parque Nacional de Manú
パルケ ナシオナル デ マヌ

❻ リマ歴史地区 Centro histórico de Lima
セントロ イストリコ デ リマ

❼ マチュ・ピチュ歴史保護区
Santuario histórico de Machu Picchu
サントゥアリオ イストリコ デ マチュ ピチュ

❽ クスコ市街 Ciudad del Cuzco
シウダッ デル クスコ

❾ ナスカとフマナ平原の地上絵
Líneas y geoglifos de Nazca y Pampas de Jumana
リネアス イ ヘオグリフォス デ ナスカ イ パンパス デ フマナ

❿ アレキパ市歴史地区
Centro histórico de la ciudad de Arequipa
セントロ イストリコ デ ラ シウダッ デ アレキパ

⓫ カラル遺跡
Ciudad Sagrada de Caral-Supe
シウダッ サグラダ デ カラル スペ

アンデス山脈
Cordillera de los Andes
コルディジェラ デ ロス アンデス
Andes Mountains

チチカカ湖
Lago Titicaca
ラゴ ティティカカ
Lake Titicaca

どの世界遺産へ行ったことがありますか？
¿Qué Patrimonio de la Humanidad ha visitado?
ケ パトリモニオ デラ ウマニダッ ア ビシタード
Which world heritage sites have you been to?

○○に行ったことがあります
He ido a ○○.
エ イード ア ○○
I've been to ○○.

○○に行ってみたいです
Quisiera ir a ver ○○.
キシエラ イール ア ベール ○○
I'd like to go to ○○.

❶ リマ
Lima
リマ
Lima

ペルーの首都。人口が集中し、政治、経済、文化、あらゆる面で中心。

❷ チクラヨ
Chiclayo
チクラジョ
Chiclayo

太平洋を臨む海沿いの町。シパン遺跡やシカン遺跡で一躍有名になった。

❸ イキトス
Iquitos
イキトス
Iquitos

ペルーアマゾン最大の都市。アマゾンを体験できるジャングルツアーの基点。

❹ カハマルカ
Cajamarca
カハマルカ
Cajamarca

皇帝アタワルパも入ったインカの温泉やクントゥル・ワシ遺跡がある。

❺ トルヒーヨ
Trujillo
トゥルヒージョ
Trujillo

ワンチャコ海岸からトトラ(葦)舟が漁に出る。チャン・チャン遺跡の壁は壮観。

❻ ワラス
Huaraz
ウアラス
Huaraz

山々に抱かれた高原の町。ワスカラン国立公園で大自然を満喫しよう。

❼ ナスカ★
Nazca
ナスカ
Nazca

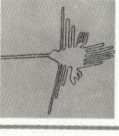

言わずと知れた「地上絵」の町。世界中の観光客が訪れ、町は地上絵一色だ。

❽ クスコ★
Cuzco
クスコ
Cuzco

インカ帝国の首都。インカの石組みにスペイン風の町並みが美しい。

❾ アレキパ
Arequipa
アレキパ
Arequipa

ペルー第2の都市。白い火山岩で造られ、別名シウダッ・ブランカ「白い町」。

❿ プーノ
Puno
プノ
Puno

世界一標高の高い湖、チチカカ湖畔の町。カンデラリアの聖母祭も有名。

★クスコとナスカはCusco、Nascaと表記されることもある

リマを歩こう

Vamos a pasear por Lima
バモス　ア　パセアール　ポル　リマ
Walking around Lima

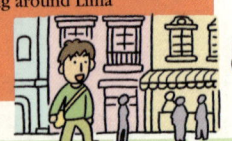

○○までどのくらいですか？
¿Cuánto se demora hasta ○○?
クアント　セ　デモラ　アスタ　○○
How long is it to ○○?

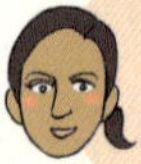

歩いて○分くらいです
○ minutos caminando.
○ミヌートス　カミナンド
About ○ minutes by foot.

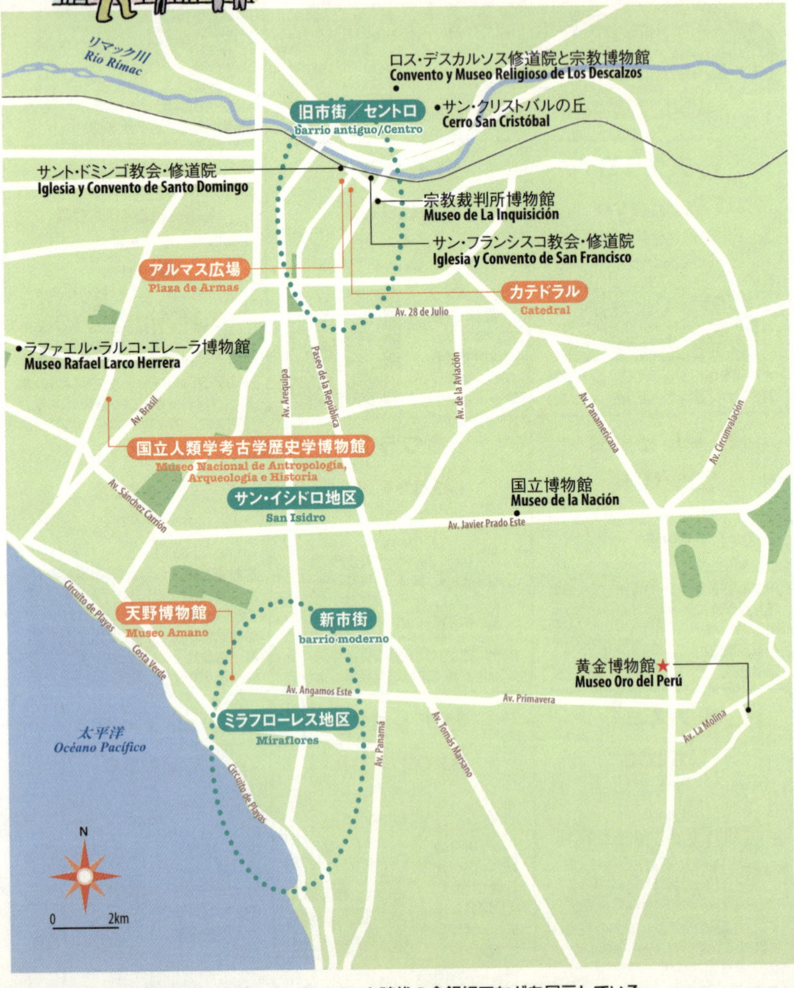

リマック川
Río Rímac
ロス・デスカルソス修道院と宗教博物館
Convento y Museo Religioso de Los Descalzos
旧市街／セントロ
barrio antiguo/Centro
サン・クリストバルの丘
Cerro San Cristóbal
サント・ドミンゴ教会・修道院
Iglesia y Convento de Santo Domingo
宗教裁判所博物館
Museo de La Inquisición
サン・フランシスコ教会・修道院
Iglesia y Convento de San Francisco
アルマス広場
Plaza de Armas
カテドラル
Catedral
Av. 28 de Julio
ラファエル・ラルコ・エレーラ博物館
Museo Rafael Larco Herrera
Paseo de la República
Av. Arequipa
Av. de la Aviación
Av. Panamericana
Av. Circunvalación
Av. Brasil
国立人類学考古学歴史学博物館
Museo Nacional de Antropología, Arqueología e Historia
サン・イシドロ地区
San Isidro
国立博物館
Museo de la Nación
Av. Sánchez Carrión
Av. Javier Prado Este
Circuito de Playas
天野博物館
Museo Amano
新市街
barrio moderno
Costa Verde
黄金博物館★
Museo Oro del Perú
Av. Angamos Este
Av. Primavera
ミラフローレス地区
Miraflores
Av. Tomás Marsano
Av. La Molina
太平洋
Océano Pacífico
Av. Panamá
Circuito de Playas
N
0
2km

★黄金博物館では、プレインカ、インカ時代の金銀細工などを展示している

旧市街／セントロ
barrio antiguo/Centro (m)
バリオ　アンティグオ／セントロ
historic centre/centro

リマ発祥の地。植民地時代を物語る、コロニアル建築の建造物が集まる。世界遺産に登録された街並みは、見ているだけも楽しめる。

新市街
barrio moderno (m)
バリオ　モデルノ
new town

旧市街と異なり、オフィスビル、ホテル、レストラン、ブティックなど商業施設が建ち並び、若者に人気のエリア。新しいリマの象徴。

サン・イシドロ地区
San Isidro
サン　イシドロ
San Isidro

緑に囲まれた閑静な高級住宅街。高級ホテルやブティックが並ぶ落ち着いた商業地域でもあり、夜はカジノも楽しめる。

ミラフローレス地区
Miraflores
ミラフローレス
Miraflores

太平洋を望むおしゃれなエリアに、映画館やショップが集まるエリア。恋人たちのモニュメントが印象的な公園もある。

アルマス広場
Plaza de Armas (f)
プラサ　デ　アルマス
Plaza de Armas

大統領府、カテドラル、市役所など重要な建物に囲まれた広場。ここから街が築かれた。旧市街の中心地。

カテドラル
Catedral (f)
カテドラル
Lima Cathedral

ペルー最古の大聖堂。スペイン人征服者フランシスコ・ピサロの遺体のミイラが安置されている。

国立人類学考古学歴史学博物館
Museo Nacional de Antropología, Arqueología e Historia
ムセオ　ナシオナル　デ　アントロポロヒーア　アルケオロヒーア　エ　イストリア
National Museum of Anthropology, Archaeology, and History

ペルーを代表する国内最大規模の博物館。土器や石版、織物など未整理を含め10万点以上収蔵している。

天野博物館
Museo Amano
ムセオ　アマノ
Amano Museum

チャンカイ文化の研究で知られる天野芳太郎が設立した考古学博物館。特に織物の種類が充実。見学要予約。

ひとくちコラム
リマで必見の噴水！
セントロ地区のレセルバ公園は、世界一大きな噴水公園としてギネスに登録された。魔法の噴水群と呼ばれる噴水ショーの演出は素晴らしく、高さ80mの水柱や美しい水のトンネルは、旅の疲れを優しく癒してくれるだろう。

リマの主なみどころ

ラファエル・ラルコ・エレーラ博物館	**Museo Rafael Larco Herrera** ムセオ　ラファエル　ラルコ　エレーラ
ロス・デスカルソス修道院と宗教博物館	**Convento y Museo Religioso de Los Descalzos** コンベント　イ　ムセオ　レリヒオーソ　デ　ロス　デスカルソス
サン・クリストバルの丘	**Cerro San Cristóbal** セロ　サン　クリストバル
宗教裁判所博物館	**Museo de La Inquisición** ムセオ　デ　ラ　インキシシオン
サン・フランシスコ教会・修道院	**Iglesia y Convento de San Francisco** イグレシア　イ　コンベント　デ　サン　フランシスコ
サント・ドミンゴ教会・修道院	**Iglesia y Convento de Santo Domingo** イグレシア　イ　コンベント　デ　サント　ドミンゴ
国立博物館	**Museo de la Nación** ムセオ　デ　ラ　ナシオン

クスコを歩こう

Vamos a pasear por Cuzco
バモス ア パセアール
ポル クスコ
Walking in Cuzco

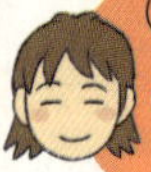

○○へは何で行くのがいいですか？
¿Cuál es la mejor forma para ir a ○○?
クアル エス ラ メホール フォルマ パラ イール ア ○○
What's the best way to get to ○○?

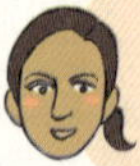

○○で行くのがいいです
Es mejor ir ○○.
エス メホール イール ○○
You should go by ○○.

ワンチャック駅 Estación de Wanchaq エスタシオン デ ワンチャク Wanchaq Station	**徒歩で** a pie ア ピエ by foot	**タクシーで** en taxi  エン タクシ by taxi
サン・ペドロ駅 Estación de San Pedro エスタシオン デ サン ペドロ San Pedro Station	**コレクティーボで**★ en colectivo エン コレクティボ by colectivo	**鉄道で** en tren  エン トレン by train 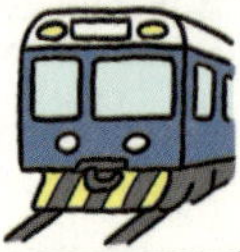

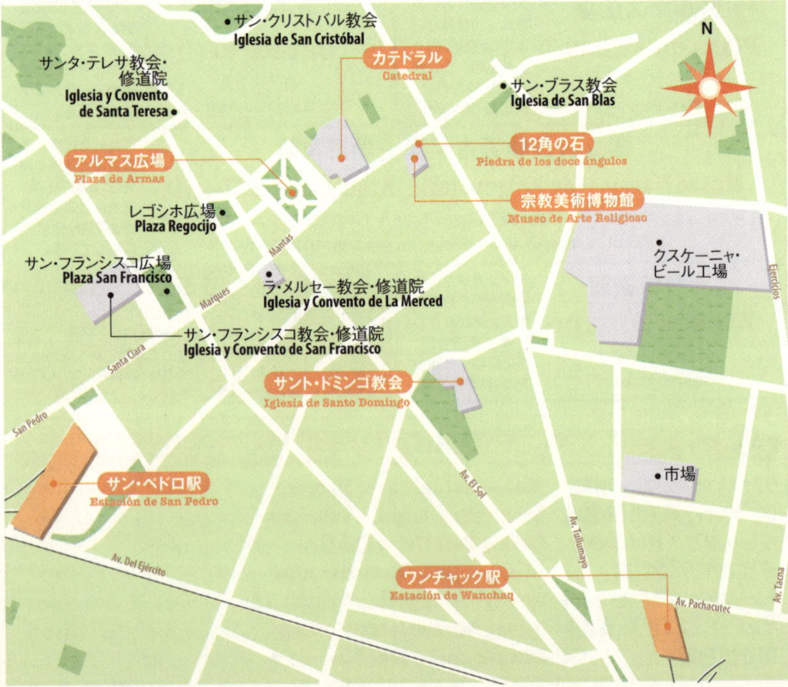

- サン・クリストバル教会 / Iglesia de San Cristóbal
- カテドラル / Catedral
- サン・ブラス教会 / Iglesia de San Blas
- サンタ・テレサ教会・修道院 / Iglesia y Convento de Santa Teresa
- 12角の石 / Piedra de los doce ángulos
- アルマス広場 / Plaza de Armas
- 宗教美術博物館 / Museo de Arte Religioso
- レゴシホ広場 / Plaza Regocijo
- クスケーニャ・ビール工場
- サン・フランシスコ広場 / Plaza San Francisco
- ラ・メルセー教会・修道院 / Iglesia y Convento de La Merced
- サン・フランシスコ教会・修道院 / Iglesia y Convento de San Francisco
- サント・ドミンゴ教会 / Iglesia de Santo Domingo
- 市場
- サン・ペドロ駅 / Estación de San Pedro
- ワンチャック駅 / Estación de Wanchaq

★乗り合いミニバン。決まったルートで、比較的長い距離の移動に使われる

アルマス広場
Plaza de Armas
プラサ デ アルマス
Plaza de Armas

市街の中心にあり、スペインに征服された後、この広場からスペイン式の街造りが行われた。広場に面したカフェでひと休みを。

カテドラル
Catedral
カテドラル
Cathedral

堂内の絵画「最後の晩餐」にはクイが描かれている。鳴り響く鐘は、南米一の大きさを誇る。銀300tで造られた祭壇も必見。

12角の石
Piedra de los doce ángulos
ピエドラ デ ロス ドセ アングロス
Twelve-Angle Stone

宗教美術博物館の土台に埋め込まれている12の角をもつ石。12人の王族や月を表すなど、諸説ある。

宗教美術博物館
Museo de Arte Religioso
ムセオ デ アルテ レリヒオソ
Museum of Religious Art

旧大司教庁。スペインコロニアルの優美な建物は必見。14角の石もあるので探してみよう。

サント・ドミンゴ教会
Iglesia de Santo Domingo
イグレシア デ サント ドミンゴ
Santo Domingo Church

インカ帝国のコリカンチャ(太陽の神殿)の上に築かれた教会。インカの石組技術の巧みさが残る。

> **ひとくちコラム**
>
> **高山病に注意!**
> クスコとはケチュア語で「へそ」の意。聖なる動物、ピューマを模して造られたインカ帝国時代の首都で、「剃刀の刃一枚も通さない」と言われるほど、すきまなく整然と組まれた石造りの街だ。標高3400mに位置するため、高山病(ソローチェ)には要注意。頭痛やだるさ、息苦しさを感じ、重症になると低地への移動が必要となる。体が慣れるまでは、こまめに水分を補給し、走ったり急な運動は控え、ゆっくり行動しよう。余裕をもったスケジュールをたてて、無理は禁物だ。

---

column クスコ郊外のみどころ

クスコ周辺には遺跡が点在する。市内を見下ろす丘の上にある城塞、サクサイワマン遺跡はクスコ北西部に位置する。ケチュア語で「ジグザグ」の意味をもつケンコー遺跡は、神への儀礼の場だった。いけにえの血で占いをしたと言われる。赤い砦のプカ・プカラは戦略的に重要なポイントで、聖なる谷への関所だった。

サクサイワマン遺跡
Ruinas de Sacsayhuamán
ルイーナス デ サクサイウアマン
Ruins of Sacayhuaman

ケンコー遺跡
Ruinas de Kenko
ルイーナス デ ケンコ
Kenko ruins

プカ・プカラ
Puca Pucara
プカ プカラ
Puca Pucara

聖なる谷
Valle sagrado (m)
バジェ サグラード
Sagrado Valley

聖なる谷には、今なおインカの生活が息づく村々が残されている。一帯には、ピサック遺跡やタンボマチャイ遺跡、オリャンタイタンボ遺跡などがある。マラスの塩田もみておきたい。

乗り物に乗ろう

Usando los medios de transporte
ウサンド ロス メディオス デ トランスポルテ
Traveling by Vehicle

都市部でも電車の未発達なペルーでは、タクシーとバスが人々の重要な足となる。コンビやミクロは路線も多く料金も安いが、ペルーの地理を知らない初心者には手ごわい。

タクシーを呼んでください
¿Podría llamar un taxi, por favor?
ポドリーア ジャマール ウン タクシ ポル ファボール
Could you call me a taxi?

○○まで行きたいのですが
¿Puede llevarme hasta ○○, por favor?
プエデ ジェバールメ アスタ ○○ ポル ファボール
I'd like to go to ○○.

どのくらい時間がかかりますか？
¿Cuánto tiempo demora?
クアント ティエンポ デモラ
About how long will it take?

いくらで行けますか？
¿Por cuánto me lleva?
ポル クアント メ ジェバ
How much will it cost?

もう少し安くなりませんか？
¿Me puede hacer una rebaja?
メ プエデ アセール ウナ レバハ
Can you give me a deal?

タクシー

taxi
タクシ
taxi

車種も色もバラバラ。料金メーターはない。乗車前に行き先を告げて料金を交渉する。流しのタクシーは危険なのでできるだけ避けたい。タクシー乗り場に停車しているタクシーを利用したり、ホテルなどで呼んでもらおう。夜間は特に注意が必要。

ひとくちコラム
割増料金
深夜や早朝、土曜夜・日曜・祝日にタクシーを利用するときには、割増料金が加算されることがあるので、乗る前によく運転手に確認すること。

OK！乗ります
Está bien. Subo.
エスタ ビエン スボ
Okay, let's go.

乗りません
No subo.
ノ スボ
No thanks.

ここで停めてください
Pare aquí, por favor.
パレ アキ ポル ファボール
Please stop here.

おつりをください
Mi vuelto, por favor.
ミ ブエルト ポル ファボール
Can you give me change?

タクシー運転手
taxista
タクシスタ
taxi driver

料金
precio (m)
プレシオ
fare

車掌
cobrador (m)
コブラドール
conductor

コンビ
combi (f)
コンビ
combi

乗り合いミニバン。車掌が行き先を叫びながら客を呼び込む。希望の場所で降ろしてくれるのはありがたいが、すごいスピードを出すので注意しよう。

ミクロ ★
micro (m)
ミクロ
micro

コンビより大きな中型バス。行き先により車体の色が違い、番号がついている。乗車時に運転手に行き先を告げる。夜も運行しているが、利用は避けた方が無難。

○○行きのミクロはどこで乗れますか？
¿Dónde puedo tomar el micro que va para ○○?
ドンデ プエド トマール エル ミクロ ケ バ パラ ○○
Where can I get the micro for ○○?

この車は○○まで行きますか？
¿Este auto va hasta ○○?
エステ アウト バ アスタ ○○
Does this go to ○○?

▼

はい、行きます。料金は1人○○ヌエボソルです
Sí, va. El pasaje es ○○ nuevo(s) sol(soles).
シィ バ エル パサヘ エス ○○ ヌエボ（ス） ソル（ソレス）
Yes, it does. It's ○○ nuevo sole for 1.

行きません。○○で乗り換えが必要です
No, no va. En ○○ tiene que hacer trasbordo.
ノ ノ バ エン ○○ ティエネ ケ アセール トラスボルド
No, it doesn't. You have to change at ○○.

○○に着いたら教えてください
Por favor, ¿podría avisarme cuando lleguemos a ○○?
ポル ファボール ポドリーア アビサールメ クアンド ジェゲモス ア ○○
Can you tell me when we get to ○○?

次のバス停で降ります
Bajo en el siguiente paradero.
バホ エン エル シギエンテ パラデーロ
Get off at the next stop.

ここで降ります
Aquí bajo.
アキ バホ
Get off here.

バス停
paradero de autobús (m)
パラデーロ デ アウトブス
bus stop

バス運転手
chofer de autobús (m)
チョフェル デ アウトブス
bus driver

ひとくちコラム
スリに注意！
混雑しているコンビ、ミクロなどの車内ではスリなどが潜んでいる危険があるので、身の回りの荷物、貴重品には充分に注意しよう。

★いわゆる「切符」はない。料金を支払うと、boleto(ボレート)というレシート代わりの小さな紙片をくれる

別の町へ移動しよう

Vamos a ir a otra ciudad
バモス ア イール ア オトラ シウダッ
Traveling to other Cities

△△行きのチケットを○枚ください
○ boleto(s) para △△, por favor.
○ボレート（ス） パラ △△ ポル ファボール
I'll take ○ ticket(s) to △△.

出発は何時ですか？
¿A qué hora es la salida?
ア ケ オラ エス ラ サリーダ
When does it leave?

到着
llegada (f)
ジェガーダ
arrival

○時です
A las ○.
ア ラス ○
At ○.

○月△日です
El día △ de ○.
エル ディア △ デ ○
On ○△.

長距離バス
Autobús de larga distancia (m)
アウトブス デ ラルガ ディスタンシア
long-distance bus

バスターミナル
terminal de autobuses (m)
テルミナル デ アウトブセス
bus terminal

時刻表
horario (m)
オラリオ
schedule

案内所
Información (f)
インフォルマシオン
information booth

路線が発達しており、多くのバス会社がある。会社により、料金や座席のクラスもさまざま。軽食付きなどもあるが、あまり当てにせず、水やパン、お菓子などを用意しておくと安心。高地を走り乗車時間も長いだけに安全と快適さを重視して選ぼう。

鉄道
ferrocarril (m)

フェロカリル
railroad

トイレ
baño (m)
バーニョ
toilet

レンタカー
alquiler de auto (m)
アルキレール デ アウト
rental car

電話
teléfono (m)
テレフォノ
telephone

タクシー乗り場
paradero de taxi (m)
パラデーロ デ タクシ
taxi stand

数路線しかない。列車によってクラスがあり呼び方も違う。マチュピチュ行きには、超高級クラスのハイラムビンガム、その下のビスタドーム、割安なバックパッカーがある。席に限りがあるので、クスコに着き次第切符を買うか、事前予約がおすすめ。

片道
ida
イーダ
single

往復
ida y vuelta
イーダ イ ブエルタ
return

★バスは頻繁にストライキがあるので、ホテルや観光案内所で情報確認をしよう

飛行機
avión (m)
アビオン
airplane

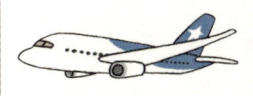

チェックインをお願いします
Quisiera registrarme.
キシエラ　レヒストラールメ
I'd like to check in.

パスポートと航空券を拝見します
Pasaporte y boleto de avión, por favor.
パサポルテ イ ボレート デ アビオン ポル ファボール
May I see your passport and boarding pass, please?

窓側の席をお願いします
Asiento al lado de la ventana, por favor.
アシエント　アル　ラド　デ ラ　ベンターナ　ポル　ファボール
I'd like a window seat, please.

通路側
al lado del pasillo
アル　ラド　デル　パシージョ
aisle seat

国際線
internacional
インテルナシオナル
international route

搭乗券
tarjeta de embarque (f)
タルヘータ　デ　エンバルケ
boarding pass

空港
aeropuerto (m)
アエロプエルト
airport

満席
No hay cupo.
ノ　アイ　クポ
full

国内線
nacional
ナシオナル
domestic route

搭乗口
puerta de embarque (f)
プエルタ　デ　エンバルケ
boarding gate

予約
reserva (f)
レセルバ
reservation

変更
cambio (m)
カンビオ
change

荷物
equipaje (m)
エキパヘ
baggage

キャンセル
cancelación (f)
カンセラシオン
cancel

セキュリティチェック
control de seguridad (m)
コントロル　デ　セグリダッ
security check

パスポート
pasaporte (m)
パサポルテ
passport

チェックインカウンター
counter (m)
カウンタァ
check-in counter

遅延
retraso (m)
レトラソ
delay

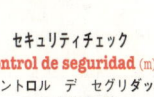

お預かり荷物はありますか？
¿Va a registrar su equipaje?
バ　ア　レヒストラール　ス　エキパヘ
Do you have any baggage to check?

乗換え
trasbordo (m)
トラスボルド
transfer

★トイレは有料（チップ制）が多い。相場は50センティモ〜1ソル

道を尋ねよう

Preguntemos el camino
プレグンテモス　エル　カミーノ
Asking for Directions

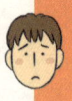

すみませんが、
○○はどこですか？
Disculpe,
quiero ir a ○○.
ディスクルペ
キエロ　イール　ア　○○
Excuse me, where can I find ○○ ?

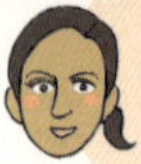

2つ目の角を右に曲がってください
En la segunda esquina de vuelta a la derecha.
エン　ラ　セグンダ　エスキーナ　デ　ブエルタ　ア　ラ　デレーチャ
Turn right at the second corner.

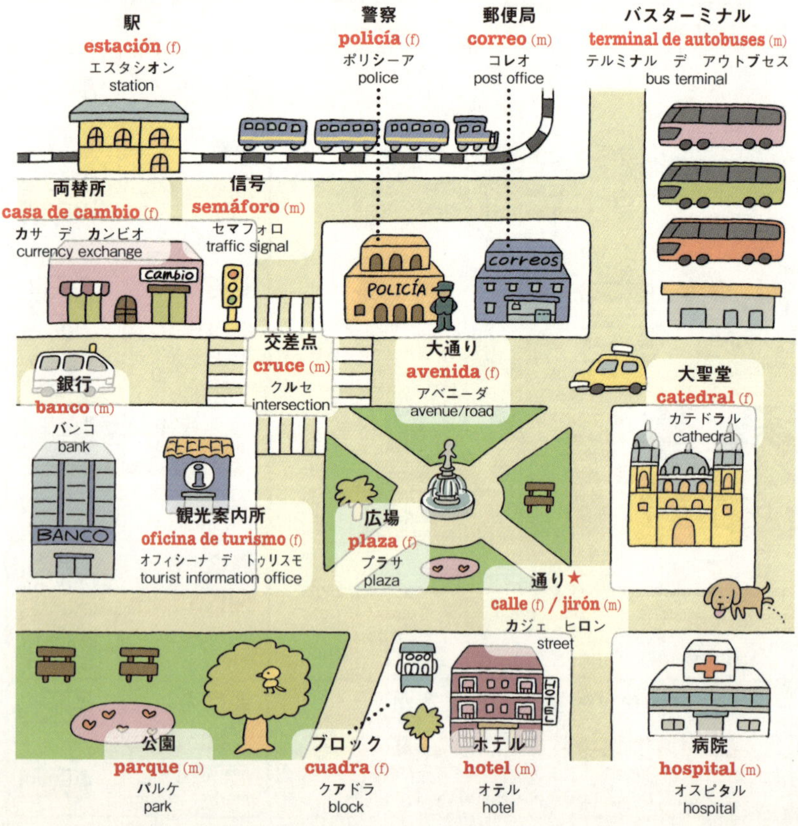

駅
estación (f)
エスタシオン
station
警察
policía (f)
ポリシーア
police
郵便局
correo (m)
コレオ
post office
バスターミナル
terminal de autobuses (m)
テルミナル　デ　アウトブセス
bus terminal
両替所
casa de cambio (f)
カサ　デ　カンビオ
currency exchange
cambio
信号
semáforo (m)
セマフォロ
traffic signal
POLICÍA
correos
交差点
cruce (m)
クルセ
intersection
大通り
avenida (f)
アベニーダ
avenue/road
大聖堂
catedral (f)
カテドラル
cathedral
銀行
banco (m)
バンコ
bank
BANCO
観光案内所
oficina de turismo (f)
オフィシーナ　デ　トゥリスモ
tourist information office
広場
plaza (f)
プラサ
plaza
通り★
calle (f) / jirón (m)
カジェ　ヒロン
street
HOTEL
公園
parque (m)
パルケ
park
ブロック
cuadra (f)
クアドラ
block
ホテル
hotel (m)
オテル
hotel
病院
hospital (m)
オスピタル
hospital

★calleもjirónも「通り」。jirónは住所表記としてJirón Bolívar（ボリバル通り）のように使われていたが、最近ではcalleを使うことが多い

この近くに○○はありますか？
¿Hay algún(na) ○○ cerca de aquí?
アイ アルグン（グナ） ○○ セルカ デ アキ
Is there a ○○ near here?

あります。この通りの反対側です
Sí, hay. Hacia el lado contrario de esta calle.
シィ アイ アシア エル ラド コントラリオ デ エスタ カジェ
Yes, there is. On the other side of this street.

ここはどこですか？
¿Dónde estamos?
ドンデ エスタモス
Where are we now?

ここ	そこ	あそこ
aquí	**ahí**	**allá**
アキ	アイ	アジャ
here	there	there

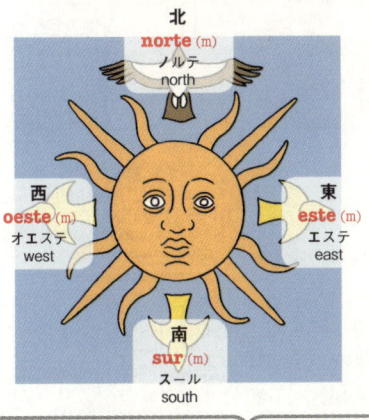

- 北 **norte** (m) ノルテ north
- 西 **oeste** (m) オエステ west
- 東 **este** (m) エステ east
- 南 **sur** (m) スール south

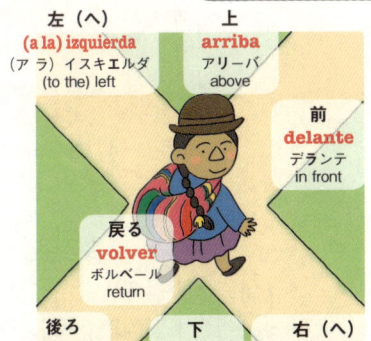

- 左（へ）**(a la) izquierda** （ア ラ）イスキエルダ (to the) left
- 上 **arriba** アリーバ above
- 前 **delante** デランテ in front
- 戻る **volver** ボルベール return
- 後ろ **detrás** デトラス behind
- 下 **abajo** アバホ below
- 右（へ）**(a la) derecha** （ア ラ）デレーチャ (to the) right

最初の	次の	行き止まり
primero(-ra)	**próximo(-ma)**	**callejón sin salida** (m)
プリメーロ（ラ）	プロクシモ（マ）	カジェホン シン サリーダ
first	next	dead end

まっすぐ	曲がる	斜め前
derecho/recto 	**doblar** 	**adelante en diagonal**
デレーチョ／レクト	ドブラール	アデランテ エン ディアゴナル
straight ahead	turn	diagonally ahead

突き当たり	角	近い	遠い
al fondo	**esquina** (f)	**cerca** 	**lejos**
アル フォンド	エスキーナ	セルカ	レホス
end	corner	close	far

★公衆トイレは少ない。カフェや個人商店などで借りるか、ショッピングセンター内ですませよう。紙がないことも多いので、持ち歩こう

観光しよう

Vamos a hacer turismo
バモス ア アセール トゥリスモ
Sightseeing

入場料はいくらですか？
¿Cuánto cuesta la entrada?
クアント クエスタ ラ エントラーダ
How much is it?

大人1枚ください
Una entrada de adulto, por favor
ウナ エントラーダ デ アドゥルト ポル ファボール
One adult, please.

学生
estudiante (m,f)
エストゥディアンテ
student

子ども（12歳以下）
menores de 12 años
メノーレス デ ドセ アーニョス
child (under 12)

シニア（65歳以上）
mayores de 65 años
マジョーレス デ セセンタ イ シンコ アーニョス
senior (over 65)

○○はどこですか？
¿Dónde está ○○?
ドンデ エスタ ○○
Where is the ○○?

無料
gratis
グラティス
free

ガイド
guía (f,m)
ギア
guide

ギフトショップ
tienda de recuerdos (f)
ティエンダ デ レクエルドス
gift shop

トイレ女性／男性
baño de damas/de caballeros (m)
バーニョ デ ダマス／デ カバジェロス
women's/men's toilet

立入禁止
Prohibida la entrada
プロイビーダ ラ エントラーダ
no entry

順路
itinerario (m)
イティネラリオ
corridor

フラッシュ禁止
Prohibido usar flash.
プロイビード ウサール フラシュ
flash photography prohibited

お静かに！
¡Guarde silencio!
グアルデ シレンシオ
Please be quiet!

手荷物預かり所
guardarropa (m)
グアルダロパ
cloakroom

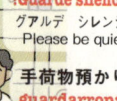

入場券売り場
boletería (f)
ボレテリーア
ticket booth

入口
Entrada (f)
エントラーダ
entrance

出口
Salida (f)
サリーダ
exit

展示室
sala de exposición (f)
サラ デ エスポシシオン
exhibition room

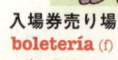

今、入館できますか？
¿Se puede entrar ahora?
セ プエデ エントラール アオラ
Can we get in now?

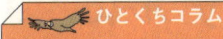 ひとくちコラム
ガイドツアー
博物館や教会、遺跡などではガイドツアーに参加しないと入場できないところや、入場制限をしている場所もある。時間に余裕をもって行きたい。

 入れます
Se puede entrar.
セ プエデ エントラール
Yes, you can.

30分後に来てください
Venga dentro de 30 minutos, por favor.
ベンガ デントロ デ トレインタ ミヌートス ポル ファボール
Please come back in half an hour.

 閉館（開館）時間は何時ですか？
¿A qué hora cierran(abren)?
ア ケ オラ シエラン（アブレン）
What time does it close(open)?

日本語（英語）のパンフレットはありますか？
¿Tiene folletos en japonés (inglés)?
ティエネ フォジェトス エン ハポネス（イングレス）
Do you have any Japanese (English) brochures?

写真を撮ってもいいですか？
¿Se puede tomar fotos?
セ プエデ トマール フォトス
May I take pictures?

土器 ➡P64
vasija de barro (f)
バシハ デ バロ
pottery

○○に興味があります ★
Estoy interesado(-da) en ○○.
エストイ インテレサード（ダ） エン ○○
I'm interested in ○○.

ミイラ
momia (f)
モミア
mummy

金銀細工 ➡P61
trabajo de orfebrería (m)
トラバホ デ オルフェブレリーア
gold work

古代文明 ➡P64
civilización antigua (f)
シビリサシオン アンティグア
ancient civilization

歴史 ➡P64,66
historia (f)
イストリア
history

考古学
arqueología (f)
アルケオロヒーア
archaeology

遺跡
ruinas (m)
ルイーナス
ruins

祭り ➡P80
festival (m)
フェスティバル
festival

楽器 ➡P76
instrumento musical (m)
インストゥルメント ムシカル
musical instrument

★話者が男性ならinteresado、女性ならinteresadaになる

ホテルに泊まろう

Alojarse en un hotel
アロハールセ エン ウン オテル
Staying at Hotels

○○です。チェックインをお願いします
Mi nombre es ○○. Quisiera registrarme.
ミ ノンブレ エス ○○ キシエラ レヒストラールメ
My name is ○○. I'd like to check in.

空室はありますか？
¿Tiene una habitación libre?
ティエネ ウナ アビタシオン リブレ
Do you have any rooms free?

シングル
individual
インディビドゥアル
single

あります
Sí, tenemos.
シィ テネモス
We do.

満室です
Están todas ocupadas.
エスタン トーダス オクパーダス
We're fully booked.

ツイン
habitación doble (f)
アビタシオン ドブレ
twin

部屋を見せてもらえますか？
¿Podría enseñarme la habitación?
ポドリーア エンセニャールメ ラ アビタシオン
Could you show me a room?

ダブル
habitación matrimonial (f)
アビタシオン マトリモニアル
double

1泊いくらですか？
¿Cuál es la tarifa por noche?
クアル エス ラ タリファ ポル ノーチェ
How much for one night?

朝食付き
desayuno incluido
デサジューノ インクルイード
breakfast included

○○ソルです
○ soles.
ソレス
○○ soles.

やめます
No me conviene.
ノ メ コンビエネ
No thanks.

バス付き
con baño
コン バーニョ
with bath

○泊お願いします
○ noches, por favor.
○ ノーチェス ポル ファボール
○ nights, please.

ホテル
hotel (m)
オテル
hotel

チェックアウトは何時ですか？
¿Cuál es el horario de salida?
クアル エス エル オラリオ デ サリーダ
What time is check-out?

オスタル
hostal (m)
オスタル
hostel

ペンション
pensión (f)
ペンシオン
guesthouse

ひとくちコラム
オスタルとペンシオン
両者にほとんど違いはなく、家族経営の民宿が多い。ホテルと同クラスのものから、共同風呂まで、バラつきがあるので、確認を。清潔さも要チェック。

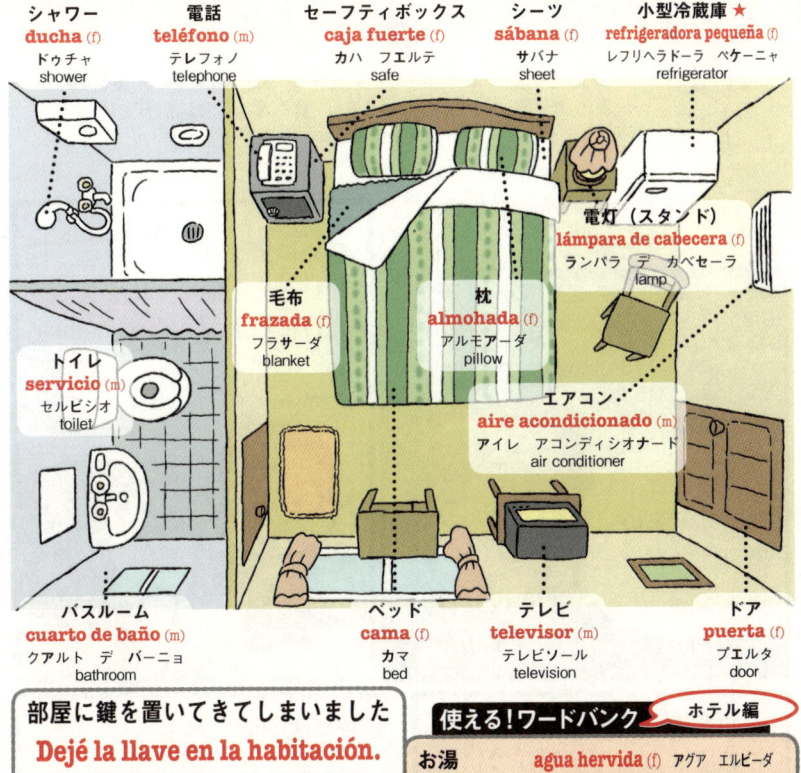

ホテルの部屋

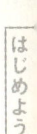

シャワー	**ducha** (f)	ドゥチャ / shower
電話	**teléfono** (m)	テレフォノ / telephone
セーフティボックス	**caja fuerte** (f)	カハ フエルテ / safe
シーツ	**sábana** (f)	サバナ / sheet
小型冷蔵庫 ★	**refrigeradora pequeña** (f)	レフリヘラドーラ ペケーニャ / refrigerator
電灯（スタンド）	**lámpara de cabecera** (f)	ランパラ デ カベセーラ / lamp
毛布	**frazada** (f)	フラサーダ / blanket
枕	**almohada** (f)	アルモアーダ / pillow
トイレ	**servicio** (m)	セルビシオ / toilet
エアコン	**aire acondicionado** (m)	アイレ アコンディシオナード / air conditioner
バスルーム	**cuarto de baño** (m)	クアルト デ バーニョ / bathroom
ベッド	**cama** (f)	カマ / bed
テレビ	**televisor** (m)	テレビソール / television
ドア	**puerta** (f)	プエルタ / door

部屋に鍵を置いてきてしまいました
Dejé la llave en la habitación.
デヘ ラ ジャベ エン ラ アビタシオン
I forgot my key in my room.

○○を取り替えてください★★
¿Podría cambiar el/la ○○?
ポドリーア カンビアール エル／ラ ○○
Could I get new ○○ please?

○○が壊れています
No funciona el/la ○○.
ノ フンシオナ エル／ラ ○○
The ○○ is broken.

○○がありません
No hay ○○.
ノ アイ ○○
I don't have any ○○.

使える！ワードバンク　ホテル編

日本語	スペイン語	カナ
お湯	**agua hervida** (f)	アグア エルビーダ
水	**agua** (f)	アグア
コンセント	**enchufe** (m)	エンチュフェ
トイレットペーパー	**papel higiénico** (m)	パペル イヒエニコ
ドライヤー	**secadora** (f)	セカドーラ
フロント	**recepción** (f)	レセプシオン
ポーター	**botones** (m,pl)	ボトネス
椅子	**silla** (f)	シジャ
テーブル	**mesa** (f)	メサ
タオル	**toalla** (f)	トアージャ
グラス	**vaso** (m)	バソ
氷	**hielo** (m)	イエロ
栓抜き	**destapador** (m)	デスタパドール
インターネット接続	**conexión de internet** (f)	コネクシオン デ インテルネッ
非常口	**puerta de emergencia** (f)	プエルタ デ エメルヘンシア

★飲み物用だけの小さな冷蔵庫はminibar（ミニバル）
★★男性名詞はel、女性名詞はlaを使う。ただし水、お湯は本来女性名詞だが、elを使う

食べよう

食文化が豊かなペルー。ジューシーな肉料理に、魚介類、ジャガイモ、トウモロコシと、食べすぎには充分注意。

イモとトウモロコシの日々

ペルーには驚くほど多種多様のジャガイモとトウモロコシがあります

そういえばジャガイモの起源はアンデス高地

軽めに済ませたいから一皿だけにしよ♡

そうすね

一皿と言っても、たいていのものにはジャガイモがついてきます
例えば、「豆と肉の煮込み」を頼むと、それがご飯の上にドロッとかけられ、そこにジャガイモがどーんと添えられたりするので、

結局は満腹に

レストランで適当にメニューを指して、「前菜」「メイン」と頼んでいくと、ジャガイモ、トウモロコシ、ごはん、めん、豆…と炭水化物のオンパレードになることもあります

前菜
パパ・ア・ラ・ワンカイーナ
（ゆでジャガイモのピリ辛チーズソースがけ）

スープ
チュペ・デ・カマロネス
（川エビのスープ、トウモロコシ、ジャガイモ、米入り）

メイン
フレホレス・コン・セコ
（牛肉の煮込み、豆の煮込み、ごはん添え）

これにデザートがアロス・コン・レチェ（ミルクとお米のデザート）だったら完璧ですね

そんなときうれしいのがセビッチェです
魚介類とタマネギをペルーレモンでしめたもの

でも、ゆでたサツマイモやトウモロコシが添えられてきます

予約と注文
Reservación y pedido
レセルバシオン イ ペディード
Reservations and Ordering

この近くにいい ○○はありますか？

¿Hay un buen ○○ cerca de aquí?
アイ ウン ブエン ○○
セルカ デ アキ
Are there any good ○○ around here?

レストラン	セビチェリーア	ポジェリーア
restaurante (m)	**cevichería** (f)	**pollería** (f) 
レスタウランテ	セビチェリーア	ポジェリーア
restaurant	ceviche restaurant	chicken restaurant

パリジャーダ	カフェ	屋台
parrillada (f)	**café** (m)	**puesto ambulante** (m)
パリジャーダ	カフェ	プエスト アンブランテ
barbecue restaurant	café	street stall

ペルー料理店	日本料理店	中国料理店
restaurante peruano (m)	**restaurante japonés** (m)	**chifa** (f) 
レスタウランテ ペルアーノ	レスタウランテ ハポネス	チファ
Peruvian restaurant	Japanese restaurant	Chinese restaurant

今晩の予約をしたいのですが
Quisiera hacer una reservación para esta noche.
キシエラ アセール ウナ レセルバシオン パラ エスタ ノーチェ
I'd like to make a reservation for this evening.

 何時ですか？
¿A qué hora desea su reservación?
ア ケ オラ デセア ス レセルバシオン
For what time?

 19時に
A las siete de la noche.
ア ラス シエテ デラ ノーチェ
For 7p.m.

 はい、何名ですか？
Con gusto, ¿para cuántas personas?
コン グスト パラ クアンタス ペルソーナス
Okay, for how many?

4名です
Para cuatro personas, por favor.
パラ クアトロ ペルソーナス ポル ファボール
Four people.

お名前をどうぞ
Su nombre, por favor.
ス ノンブレ ポル ファボール
Could I have your name, please?

 ○○です
Soy ○○.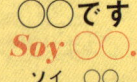
ソイ ○○
My name is ○○.

★ペルーには専門店が多い。セビチェリーアはセビッチェ（→P36）や魚介類、ポジェリーアは鶏肉の炭火焼（→P38）、パリジャーダ（→P38）はバーベキューの専門店

日本語（英語）のメニューはありますか？
¿Tiene el menú en japonés (inglés)?
ティエネ　エル　メヌ　エン　ハポネス（イングレス）
Do you have a Japanese (English) menu?

注文をお願いします
¿Me podría tomar el pedido, por favor?
メ　ポドリーア　トマール　エル　ペディード　ポル　ファボール
I'd like to order.

メニュー
menú (m)
メヌ
menu

おすすめはなんですか？
¿Qué plato me recomienda?
ケ　プラート　メ　レコミエンダ
What do you recommend?

日替わり定食
menú del día (m)
メヌ　デル　ディア
dish of the day

あの人と同じものをください
Quisiera pedir lo mismo que aquella persona.
キシエラ　ペディール　ロ　ミズモ　ケ　アケージャ　ペルソーナ
I'll take what they are having.

会計をお願いします ★
La cuenta, por favor.
ラ　クエンタ　ポル　ファボール
Could we have the bill, please?

領収書
recibo (m)
レシーボ
receipt

カードは使えますか？
¿Aceptan tarjetas?
アセプタン　タルヘータス
Can I pay by credit card?

現金でお願いします
Sólo aceptamos pagos en efectivo.
ソロ　アセプタモス　パゴス　エン　エフェクティーボ
We only take cash.

頼んだ料理がまだ来ません
Todavía no traen mi pedido.
トダビア　ノ　トラエン　ミ　ペディード
We haven't received our order yet.

喫煙席
área de fumadores (f)
アレア　デ　フマドーレス
smoking area

禁煙席
área de no fumadores (f)
アレア　デ　ノ　フマドーレス
non-smoking area

使える！ワードバンク　レストラン編

日本語	スペイン語	カナ
スプーン	**cuchara** (f)	クチャーラ
フォーク	**tenedor** (m)	テネドール
ナイフ	**cuchillo** (m)	クチージョ
皿	**plato** (m)	プラート
コップ	**vaso** (m)	バソ
箸	**palillos para comer** (m,pl)	パリージョス　パラ　コメール
おつり	**vuelto** (m)	ブエルト

★ 『名詞 + por favor（ポル ファボール）』で「○○をお願いします」、「○○をください」の意味となる

スープと前菜

Sopas y entradas
ソパス イ エントラーダス
Soups and Appetizers

前菜は何になさいますか？
¿Qué desea como entrada?
ケ デセア コモ エントラーダ
What appetizers would you like?

○○が食べたいです
Deseo comer ○○.
デセオ コメール ○○
I'd like some ○○.

前菜
entrada (f) エントラーダ
appetizer

前菜とはいえ、ボリュームがあり軽い食事になる一皿も。さっぱりした海鮮や、新鮮な野菜の味が楽しめる。

ジャガイモのチーズソースかけ
papa a la huancaína (f)
パパ ア ラ ウアンカイーナ
potatoes with cheese sauce

ほっくりと茹でて冷やしたジャガイモに、トウガラシとチーズなどを混ぜたピリ辛ソースがたっぷり。一度食べたら誰もがファンになる味。

セビッチェ（魚介のマリネ）
ceviche (m)
セビッチェ
marinated fish

魚介類をペルーレモンでしめ、タマネギほかと和えたもの。コリアンダーの風味も爽やか。地方により具が川魚になったりと、バラエティ豊か。

ジャガイモとツナのサラダ
causa rellena (f)
カウサ レジェーナ
potato and tuna salad

マッシュポテトとツナなどのピリ辛ポテトサラダ。ツナがチキンの場合もあり、店によって具も盛付けも様々。シェフのセンスの見せどころ。

ムール貝のマリネ
choritos a la chalaca (m,pl)
チョリートス ア ラ チャラカ
marinated mussel

火を通したムール貝とタマネギ、トマト、トウモロコシなどのレモンマリネ。黄色いトウガラシ「アヒ・アマリージョ」が隠し味。

リブロースの空揚げ
chicharrón de costilla (m)
チチャロン デ コスティージャ
chicharron

ペルーでは空揚げを「チチャロン」という。チチャロン・デ・チャンチョ、といえば「豚の空揚げ」だ。チキンや海鮮のものもある。

牛ハツの串焼
anticucho de corazón (m)
アンティクーチョ デ コラソン
beef heart kebab

アヒ・アマリージョとニンニク、スパイスで漬け込んだ牛ハツの串焼。屋台でも売られていて、大人から子どもまで大人気の一品。

★食事中はテーブルに両手を出しておくのが、ペルーのマナー。その他、皿を持ち上げない、肘をつかない、音を立てないなどのマナーを守って食べよう

スープ

sopa (m) ソパ
soup

スープの種類は数限りなく、地方色も豊か。栄養たっぷりの熱いスープは、アンデスの高地で冷えた身体を芯から温めてくれる。

シーフードのトマトスープ
chupe de mariscos (m)
チュペ デ マリスコス
seafood and tomato soup

トマトスープに魚介類とジャガイモ、牛乳、玉子、米、ハーブなどが入ったスープ。トロミのあるスープはシチューに近く、濃厚で大満足の一品。緑色のものも。

サンコチャド
sancochado (m)
サンコチャード
sancochado

大きくカットしたトウモロコシやジャガイモ、カボチャなどの野菜を大きな塊肉といっしょに煮る。具は山盛りに別皿で出され、スープと別々に食べる。

野菜のグリーンスープ
menestrón (m)
メネストロン
minestrone

バジルの緑が鮮やかなスープ。肉のスープがベースとなり、グリーンピースやホウレンソウ、チーズ、ジャガイモ、トウモロコシなどが入る。

パリウエラ
parihuela (f)
パリウエラ
parihuela

カニやムール貝、エビなど何種類もの魚介類を煮込んだブイヤベースのようなスープ。皿から溢れんばかりの具が海鮮好きにはたまらない。

パスタ入りスープ
sopa a la minuta (f)
ソパ ア ラ ミヌータ
soup with pasta

オレガノ風味の牛肉のミルクスープ。「天使の髪の毛」と呼ばれる極細パスタ入り。ミヌータとは簡単料理の意味だが、その味はなかなか。

使える!ワードバンク 〈メニュー編〉

冷たい料理	**comida fría** (f)	コミーダ フリーア
温かい料理	**comida caliente** (f)	コミーダ カリエンテ
セットメニュー	**combo** (m)	コンボ
サラダ	**ensalada** (f)	エンサラダ
オリーブ	**aceitunas** (f,pl)	アセイトゥナス
ハム	**jamón** (m)	ハモン
チーズ	**queso** (m)	ケソ

ひとくちコラム
食事の頼み方
基本的には前菜、スープ、メイン料理＝segundo(セグンド)、デザートの順で4種類の料理を注文するが、カジュアルなレストランでは無理にすべて頼まなくてもよい。ジャガイモや米、トウモロコシ添えの料理が多いため、一皿で満足できるメニューもある。

★ペルーはオリーブの種類も多く、料理のつけ合わせによく使われる。特に大きく肉厚なものは病みつきになる味

メイン料理（肉、魚）

Carnes y pescados
カルネス イ ペスカードス
Main Dishes (Meat, Fish)

> この町の名物料理はなんですか？
> *¿Cuál es el plato típico?*
> クアル エス エル プラート ティピコ
> What food is good here?

> ○○がおすすめです
> *Le recomiendo ○○.*
> レ レコミエンド ○○
> I recommend ○○.

肉料理

carne (f) カルネ
meat cuisine

肉料理はボリューム満点。調理法も多く、ジューシーな味わい。地方によりヤギ肉などもあるので、機会があればチャレンジ。

パリジャーダ（バーベキュー）
parrillada (f)
パリジャーダ
barbecue

ビーフやチキンなどの肉類、ハツや腸詰めなどを大胆に網焼きにしたもの。驚くような量が一人分として出てくる。アヒ・ソース（→P47）でアクセントをつける。

牛肉と野菜炒め
lomo saltado (m)
ロモ サルタード
beef and vegetable stir-fry

代表的な大衆料理。牛のヒレ肉とタマネギや緑トウガラシ、トマトの炒め物。別に調理したフライドポテトを最後に加える。中国風の味付けで、どこかホッとする味。

ミラノ風カツレツ
milanesa de carne (f)
ミラネサ デ カルネ
milanese cutlet

ビーフ、チキン、ポーク、魚などに細かなパン粉をつけて揚げたミラノ風カツレツ。外はカリッと、中は柔らかく、とても美味。

豆と牛肉の煮込
seco con frejoles (m)
セコ コン フレホレス
beef and bean stew

牛肉の煮込と豆の煮込にご飯とボリューム満点の一皿。牛肉を煮込むにはコリアンダーが欠かせない。「フレホレス・コン・セコ」ともいう。

鶏肉の炭火焼
pollo a la brasa (m)
ポジョ ア ラ ブラサ
braised chicken

街中にはポジェリーアという専門店があり、くるくると回りながら焼かれる鶏肉の香りが漂う。丸ごとでなく、小分けでも注文できる。

★同じ料理でも、地方や店により呼び名が異なることがある
★アヒ・ソースについてはP47コラム参照

つけ合わせをフライドポテトにできますか？
¿Podría ser papas fritas como guarnición?
ポドリーア セール パパス フリータス コモ グアルニシオン
Can I get french fries on the side?

ひとくちコラム
つけ合わせを変えることも可能
お店によっては、フライドポテトをゆでイモやライスに替えてもらうことができる。ただし、店や内容により追加料金がかかることもあるので確認しよう。

ライス ★	パン	ゆでイモ	マッシュポテト
arroz (m)	**pan** (m)	**papa sancochada** (f)	**puré de papas** (m)
アロス	パン	パパ サンコチャーダ	プレ デ パパス
rice	bread	boiled potato	mashed potato

魚料理
pescado (m) ペスカード
fish cuisine

漁業はペルーの重要な産業のひとつ。海の幸や、アマゾンやマヌー川の恵み、チチカカ湖のマスなど、海鮮料理も魅力的。

海鮮と野菜のソテー
saltado de mariscos (m)
サルタード デ マリスコス
seafood and vegetable sautée

海鮮とタマネギ、トマト、トウガラシなどの中国風炒めもの。醤油が隠し味で、仕上げにはコリアンダーが散らされる。フライドポテトが隠れている。

エビのニンニクオイルかけ
camarones al ajo (m,pl)
カマロネス アル アホ
shrimp in garlic oil

油で火を通した川エビに、ガーリックとトウガラシのオイルソースをかけた一品。ビールや白ワインにぴったり。好みでペルーレモンを絞れば、いくらでも食べられる。

シーフードの空揚げ
chicharrón de mariscos (m)
チチャロン デ マリスコス
deep-fried sea food

所変われば魚介も変わるので、空揚げのバリエーションも広がる。前菜、つまみとしても気軽に食べられる一品。

魚のトマトチリソースがけ
pescado a lo macho (m)
ペスカード ア ロ マチョ
fish in chili tomato sauce

白身魚にアヒ・アマリージョがきいたピリ辛ソースをたっぷりかけたメニュー。魚介入りソースもあり、バリエーション豊か。

魚のカツレツ
pescado apanado (m)
ペスカード アパナード
fish cutlet

「アパナード」とは「叩いて伸ばす」の意味。肉なら叩き、魚は開く。小麦粉や粉チーズ入りのパン粉にまぶし、たっぷりの油で香ばしく焼く。

★ ライスはガーリックライスが一般的。つけ合わせが不要なときは、「つけ合わせなしでお願いします。Sin guarnición, por favor.（シン グアルニシオン ポル ファボール）」と伝えよう

ご飯、麺、おやつ、おつまみ

Arroz, fideos, lonche, piqueo
アロス　フィデオス
ロンチェ　ピケオ
Rice, Noodles, Snacks, Drinking Food

> これはなんですか？
> *¿Qué es esto?*
> ケ　エス　エスト
> What is that?

> それをください
> *Eso, por favor.*
> エソ　ポル　ファボール
> I'll take that, please.

ご飯、麺

comidas (f.pl), **fideos** (m.pl)　コミーダス　フィデオス
rice, noodles

一皿で満腹のご飯や麺には各国の料理が取り込まれている。中国とペルーが融合したチャウファ（炒飯）も見逃せない。

鶏肉のチリソース
ají de gallina (m)
アヒ　デ　ガジーナ
chicken in chili sauce

チキンのピリ辛チーズソースのシチュー。鶏肉を細かく裂いたものと香辛料、タマネギやニンニクを炒め、クリーミーなソースで和える。ご飯にかけて食べる。

カラプルクラ
carapulcra (f)
カラプルクラ
carapulcra

乾燥ジャガイモ「パパ・セカ」と肉やタマネギを、赤トウガラシ、アヒ・パンカのペーストで煮込んだシチュー。砕いたピーナツを加え独特の風味。ご飯にかけて。

緑のパスタ
tallarín verde (m)
タジャリン　ベルデ
green pasta

バジルとホウレンソウのスパゲティ。フレッシュチーズやクルミも入ったソースは、まろやかでコクがある。パスタは少し柔らかめが多い。

中国風焼きそば
tallarín chifa (m)
タジャリン　チファ
Chinese fried noodles

「チファ」は中国料理のこと。何を食べようか迷うとき、胃が疲れたときなど、日本人の口に合い、懐かしく感じる一品。

ペルー風カレー
cau cau (m)
カウ　カウ
Peruvian curry

ハチノス（牛の胃袋）とジャガイモなどを煮込んだ、クミン風味のカレー。ペルーでは臓物もよく食べる。思ったよりクセがなく食べやすい。

★ペルーでは昼食をしっかり食べ、夜は軽めに済ませることが多い

おやつ、おつまみ

lonche (m), piqueo (m)　ロンチェ　ピケオ
snacks, drinking food

屋台で手軽に買える一品も多いペルー。いろいろな店で食べ比べるのも楽しい。珍しいスナック菓子も要チェック。

ペルー風コロッケ
papa rellena (f)
パパ　レジェーナ
Peruvian croquette

肉入りコロッケ。だが、簡単に「コロッケ」と片付けられないボリュームだ。飲み物があれば、ひとつで充分に軽食代わりになる。

ペルー風ミートパイ
empanada (f)
エンパナーダ
Peruvian meat pie

ひき肉、タマネギのみじん切り、レーズンやオリーブ、スパイス、ゆで玉子も入って具だくさん。熱々のうちに頬張ろう。

タマレス
tamales (m,pl)
タマレス
tamales

トウモロコシの粉を練って肉や野菜、調味料を混ぜた具を包み、バナナの葉にくるんで蒸したもの。具を変えた甘いものはウミータ。

チョリソ
chorizo (m)
チョリソ
chorizo

肉がおいしいペルーでは、腸詰めも絶品。香辛料の効いたピリ辛のもの、豚の血入り（モルシージャ）など種類も豊富で、料理にも使われる。

キャッサバのフライ
yuca frita (f)
ジュカ　フリータ
fried yuca

キャッサバは甘味があり、辛い料理に添えられることが多い。緑トウガラシなどのアヒソースをつけると、ホックリ＋ピリッで止まらない。

カンチャ
cancha serrana (f)
カンチャ　セラーナ
fried corn

アンデスの粒の大きなトウモロコシを油で炒り、塩味をつけた一品。ポップコーンのように弾けてはいない。ビールのおともに最適。

ひとくちコラム
パンとロンチェ
ペルーはパンの種類が豊富。食事用の小さな丸いパン、サツマイモなど野菜入りのパン、おやつにピッタリの甘いパンなど、どれもおいしい。ペルーでは、昼食と夕食の間に lonche（ロンチェ）と呼ばれる軽食をとる習慣があり、各種パンやケーキ、プティファラ（バゲットにハムなどを挟んだもの）、サンドイッチやサラダもよく食べる。レストランやカフェにはロンチェ・ビュッフェがあるところも。

使える！ワードバンク　軽食編

スナック菓子	piqueo (m)	ピケオ
ポップコーン	cancha (f)	カンチャ
ポテトチップス	papitas (f,pl)	パピータス
ゆでトウモロコシ	choclo sancochado (m)	チョクロ　サンコチャード
ピザ	pizza (f)	ピサ
サンドイッチ	sánguche (m)	サングチェ
ハンバーガー	hamburguesa (f)	アンブルゲサ

★ゆでたピーナツはmaní sancochado（マニ　サンコチャード）

デザート、お菓子

Postres y dulces
ポストレス イ ドゥルセス
Desserts and Snacks

デザートにはなにがありますか?
¿Qué tienen de postre?
ケ ティエネン デ ポストレ
What desserts do you have?

おすすめの甘いものはなんですか?
¿Qué dulce me recomienda?
ケ ドゥルセ メ レコミエンダ
What sweets do you recommend?

デザート

postre (m) ポストレ
dessert

ペルーはスイーツ天国。洗練された味と美しい盛付けの一品も多いが、昔ながらの素朴な味も捨てがたい。

キャラメルクリームのメレンゲ添え
suspiro a la limeña (m)
ススピロ ア ラ リメーニャ
caramel meringue

または「ススピロ・デ・リメーニャ(リマ娘の溜息)」。マンハル・ブランコ★にメレンゲクリーム。その名の通り、甘く幸せな溜息が出るかも?

マサモラ・モラーダ
mazamorra morada (f)
マサモラ モラーダ
purple corn jelly

チチャ・モラーダ(紫トウモロコシのジュース)にコーンスターチでトロミをつけ、クローブなどを加える。温かいままでも、冷やしても。

米のミルク煮
arroz con leche (m)
アロス コン レチェ
rice pudding

米を牛乳と砂糖で煮たもの。シナモンやマサモラ・モラーダと合せることも。

揚げドーナツ
picarones (m,pl)
ピカロネス
doughnut

サツマイモやカボチャが入った揚げリングドーナツ。糖蜜がかかっている。

焼きプリン
leche asada (f)
レチェ アサーダ
baked pudding

大人から子供まで人気の焼きミルク・プディング。定番のデザート。

使える!ワードバンク ─ デザート編

ケーキ	**torta** (f)	トルタ
スポンジケーキ	**keke** (m)	ケケ
ムース	**mousse** (m)	ムス
プリン	**flan** (m)	フラン
ゼリー	**gelatina** (f)	ヘラティナ
カスタードクリーム	**crema pastelera** (f)	クレマ パステレーラ
コンポート	**compota** (f)	コンポタ
メレンゲ	**merengue** (m)	メレンゲ
ヨーグルト	**yogurt** (m)	ジョグール
アイスキャンデー	**chupete de hielo** (m)	チュペーテ デ イエロ
シャーベット	**cremolada** (f)	クレモラーダ

★マンハル・ブランコとは、牛乳と砂糖を加熱しながら練ったもの。キャラメルクリームに近い

お菓子
dulce (m) ドゥルセ
snacks

街のあちらこちらにお菓子屋さんがあるペルーでは、未体験の甘さに出あう。種類豊富な果物のアイスも試してみよう。

アルファホル
alfajor (m)
アルファホル
alfajor

ソフトなクッキーにマンハル・ブランコなどのクリームが挟まれている昔ながらの甘いお菓子。

トゥロン
turrón (m)
トゥロン
turron

ビスケット生地にシロップをかけて固め、色鮮やかな砂糖菓子をのせて彩る伝統の一品。

キング・コング
king kong (m)
キンコン
king kong

大きいことからこの名前がついた。各種クリームとドライフルーツなどのクッキーサンド。薄く切って。

ルクマ (→P48) のアイスクリームをください
Helado de lúcuma, por favor.
エラード デ ルクマ ポル ファボール
Lucuma ice cream, please.

ひとくちコラム
アイスクリーム天国
お店ごとに「スペシャル」メニューを用意していたり、トッピングができたりと楽しい。チョコレートコーティングのコーンもぜひチャレンジしてみて！

トッピングは何にしますか？
¿Qué le ponemos encima?
ケ レ ポネモス エンシマ
What toppings would you like?

アーモンドをお願いします
Almendras, por favor.
アルメンドラス ポル ファボール
Almonds, please.

カップ
copa (f) / **vasito** (m)
コパ／バシート
cup

コーン ★
barquillo (m) / **cono** (m)
バルキージョ／コノ
cone

サンデー
sundae
サンデー
sundae

使える！ワードバンク　アイスクリーム編

チョコレート・ファッジ	fudge de chocolate	フォッジ デ チョコラーテ
キャラメル	miel de azúcar (f)	ミエル デ アスカル
ドライフルーツ	frutas secas (f,pl)	フルータス セカス
ココナッツ	coco rallado (m)	ココ ラジャード
ナッツ	nueces (f,pl)	ヌエセス
クッキークランチ	pedacitos de galleta (m,pl)	ペダシートス デ ガジェータ
ワッフルクランチ	pedacitos de waffer (m,pl)	ペダシートス デ ワッフェル
ジャム	mermelada (f)	メルメラーダ
シナモン	canela (f)	カネラ
砂糖菓子	confites (m,pl)	コンフィーテス
マーブルチョコ	lentejitas (f,pl)	レンテヒータス
チョコレートコーティングしたもの	zambito (m)	サンビート

★barquilloは日本のソフトクリームのコーンと同じ。conoはダークブラウンでカリッとしたクレープ形のもの

アルコール、ドリンク

Bebidas alcohólicas, refrescos
ベビーダス アルコオリカス
レフレスコス
Alcohol, Drinks

何を飲みますか？
¿Qué desea tomar?
ケ デセア トマール
What would you like to drink?

マンゴージュースをください
Jugo de mango, por favor.
フゴ デ マンゴ ポル ファボール
Mango juice, please.

ソフトドリンク

bebidas(f,pl) ベビーダス
soft drink

ペルーは果物の宝庫。ビタミン補給には新鮮な果物の生ジュースがおすすめ。疲れたらハーブティーでひと休み。

チチャ・モラーダ
chicha morada (f)
チチャ モラーダ
chicha morada

紫トウモロコシとパイナップルの実と皮、リンゴ、クローブなどの甘い煮汁にペルーレモンを絞った健康飲料。ポリフェノールが豊富。

コーヒー
café (m)
カフェ
coffee

ペルー式はコーヒーを濃く抽出する。コーヒーとお湯やミルクは別々に出され、好みで割って飲む。いわゆるクリームは入れない。

コカ茶 ★
mate de coca (m)
マテ デ コカ
coca tea

干したコカの葉に熱湯を注ぎ、しばらく待ってから飲む。砂糖を入れてもおいしい。ティーバッグもあり、薄い緑茶のような味。

インカ・コーラ
Inca Kola (f)
インカ コラ
Inca Kola

国民的な微炭酸飲料。黄色の正体は、その昔レモングラスが使われていたからといわれる。ダイエット・コーラ「ライト」もある。

レモングラス茶（イエルバルイサ茶）
hierbaluisa (f)
イエルバルイサ
lemon grass tea

シトラスの強く爽やかな香りとすっきりした味のハーブティー。食事の後はもちろん、心身ともにリフレッシュしたいときに。

冷たい
frío(-a)
フリーオ（ア）
cold

熱い
caliente
カリエンテ
hot

氷なし
sin hielo
シン イエロ
no ice

ひとくちコラム
氷に注意！
生水には充分注意が必要なペルー。水だけでなく、氷入りの飲み物やデザートにも気をつけて。

★コカ茶の日本への持ち込みは禁止されている

おかわりをお願いします
Me sirve otra igual, por favor
メ シルベ オトラ イグアル ポル ファボール
I'd like another, please.

乾杯！
¡Salud!
サルーッ
Cheers!

アルコール
alcohol (m) アルコオル
alcohol

ビール
cerveza (f)
セルベサ
beer

全土で飲めるクリスタルやクスケーニャが有名だが、実は各地のオリジナルビールも試す価値あり。個性的な味を飲み比べよう。

チチャ
chicha (f)
チチャ
chicha

トウモロコシを発酵させて作った酒。古代から儀礼などに用いられ、現在でも、シエラの人々は数滴を大地の神に捧げてから口にする。

ピスコ
pisco (m)
ピスコ
pisco

無色透明のブドウの蒸留酒。度数は38〜46度。完全に発酵させないモスト・ベルデ、香り高いアロマティコなど数種類がある。

ピスコサワー
pisco sour (m)
ピスコ サゥワァ
pisco sour

ピスコとレモン、卵白の甘いカクテル。飲み口はよいが、度数が高いので要注意。ブドウ収穫期の2月に「ピスコサワーの日」がある。

使える！ワードバンク　ソフトドリンク編

紅茶	**té negro** (m) テ ネグロ
ココア	**cocoa** (f) ココア
炭酸飲料	**gaseosa** (f) ガセオサ
ハーブティー	**infusión** (f) インフシオン
アニス茶★	**anís** (m) アニス
キャッツクロー茶★	**uña de gato** (f) ウニャ デ ガト
牛乳	**leche** (f) レチェ
レモネード	**limonada** (f) リモナーダ
オレンジジュース	**jugo de naranja** (m) フゴ デ ナランハ
炭酸入りミネラルウォーター	**agua mineral con gas** (f) アグア ミネラル コン ガス
炭酸なしミネラルウォーター	**agua mineral sin gas** (f) アグア ミネラル シン ガス

使える！ワードバンク　アルコール編

赤ワイン	**vino tinto** (m) ビノ ティント
白ワイン	**vino blanco** (m) ビノ ブランコ
ウィスキー	**whisky** (m) ウィスキ
ラム	**ron** (m) ロン
ブランデー	**brandy** (m) ブランディ
テキーラ	**tequila** (m) テキーラ
ジン	**gin** (m) ジン
カクテル	**coctel** (m) コクテル
ピスコのコーラ割り	**Perú libre** (m) ペルー リブレ
甘口の	**dulce** ドゥルセ
辛口の	**seco(-ca)** セコ (カ)

★アニス茶は独特の香りのハーブティー。特に少し重い食事の後に飲むとスッキリする。
キャッツクロー茶はP72〜73を参照

調理方法と味付け

Cocina y condimentos
コシーナ イ コンディメントス
Cooking and Condiments

(メニューを指して) **どんな調理法ですか？**
¿Cómo está cocinado?
コモ エスタ コシナード
How is this cooked?

肉の焼き加減は○○でお願いします
La carne ○○, por favor.
ラ カルネ ○○ ポル ファボール
I'll have my meat ○○, please.

レア	ミディアム	ウエルダン
no muy cocida	**término medio**	**bien cocida**
ノ ムイ コシーダ	テルミノ メディオ	ビエン コシーダ
rare	medium	well done

炭火焼き	鉄板焼き	網焼き
a la brasa	**a la plancha**	**a la parrilla**
ア ラ ブラサ	ア ラ プランチャ	ア ラ パリージャ
braised	pan-grilled	grilled

(オーブンで) 焼いた	串焼き	燻製にした
al horno	**brocheta** (f)	**ahumado(-da)**
アル オルノ	ブロチェータ	アウマード (ダ)
baked	kebab	steamed

炒めた	ムニエルにした	揚げた
saltado(-da)	**a la meunière**	**frito(-ta)**
サルタード (ダ)	ア ラ メウニエレ	フリート (タ)
simmered	meuniere	fried

ゆでた	蒸した	煮込んだ
hervido(-da)	**al vapor**	**guisado(-da)**
エルビード (ダ)	アル バポール	ギサード (ダ)
boiled	steamed	stewed

油で焼いた	詰め物にした	レモン漬けの ★
dorado(-da) en aceite	**relleno(-na)**	**al limón**
ドラード (ダ) エン アセイテ	レジェーノ (ナ)	アル リモン
fried in oil	stuffed	with lemon

酢漬けの	塩漬けの	生の
en escabeche	**en salmuera**	**crudo(-da)**
エン エスカベチェ	エン サルムエラ	クルード (ダ)
pickled	salted	raw

★ペルーレモンは緑色。レモンとライムの中間のようなもので、香り高く爽やかな酸味

料理の味はどうですか?
¿Cómo está de sabor?
コモ エスタ デ サボール
How does it taste?

おいしいです ★
Está exquisito.
エスタ エスキシート
It's delicious.

甘い
dulce
ドゥルセ
sweet

辛い
picante
ピカンテ
spicy

しょっぱい
salado(-da)
サラード(ダ)
salty

苦い
amargo(-ga)
アマルゴ(ガ)
bitter

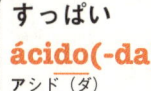

すっぱい
ácido(-da)
アシド(ダ)
sour

あっさりした
ligero(-ra)
リヘーロ(ラ)
plain

硬い
duro(-ra)
ドゥーロ(ラ)
hard

軟らかい
tierno(-na)
ティエルノ(ナ)
soft

油っぽい
grasoso(-sa)
グラソソ(サ)
oily

砂糖を少なめ(多め)にしてください
Póngale poco (mucho) azúcar, por favor.
ポンガレ ポコ(ムーチョ) アスーカル ポル ファボール
Use only a little (extra) sugar, please.

塩をください
La sal, por favor.
ラ サル ポル ファボール
Pass the salt, please.

アヒソース
salsa de ají (f)
サルサ デ アヒ
chili salsa

コリアンダー
culantro (m)
クラントロ
coriander

ニンニク
ajo (m)
アホ
garlic

トウガラシ
ají (m)
アヒ
chili

ハーブ
hierbas (f,pl)
イエルバス
herb

酢
vinagre (m)
ビナーグレ
vinegar

使える!ワードバンク　調味料編

マヨネーズ	**mayonesa** (f)	マジョネサ
ケチャップ	**ketchup** (m)	ケチュップ
マスタード	**mostaza** (f)	モスタサ
オリーブオイル	**aceite de oliva** (m)	アセイテ デ オリーバ
醤油	**sillau** (m)	シジャウ
コショウ	**pimienta** (f)	ピミエンタ

ひとくちコラム

酸味・辛味・香りを楽しもう!
レモンやトマトの酸味、トウガラシの辛味、そしてハーブの香りがペルー料理の特徴。アヒソースは、黄色トウガラシをすり潰しオイルや香辛料を加えたもの。どの店や家庭にも常備され、どんな料理にも合い、味に深みがでる。

★おいしくない場合でも、「ちょっと変わった味ですね。Es un sabor un poco raro para mí. (エス ウン サボール ウン ポコ ラロ パラ ミ)」で、やんわりしたニュアンス

食材を選ぼう

Elijamos los ingredientes
エリハモス ロス イングレディエンテス
Choosing Ingredients

牛肉
carne de res (f)
カルネ デ レス
beef

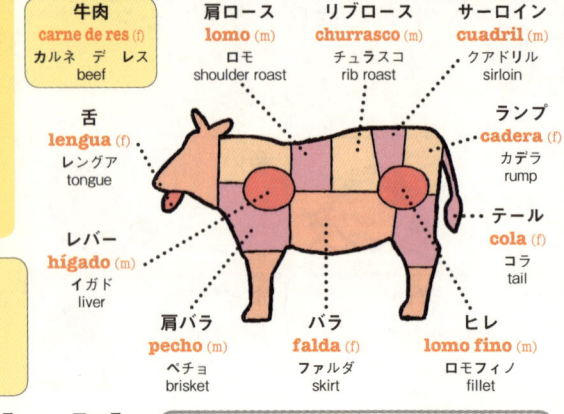

- 肩ロース **lomo** (m) ロモ shoulder roast
- リブロース **churrasco** (m) チュラスコ rib roast
- サーロイン **cuadril** (m) クアドリル sirloin
- 舌 **lengua** (f) レングア tongue
- ランプ **cadera** (f) カデラ rump
- レバー **hígado** (m) イガド liver
- テール **cola** (f) コラ tail
- 肩バラ **pecho** (m) ペチョ brisket
- バラ **falda** (f) ファルダ skirt
- ヒレ **lomo fino** (m) ロモフィノ fillet

肉
carne (f)
カルネ
meat

豚肉
carne de chancho (f)
カルネ デ チャンチョ
pork

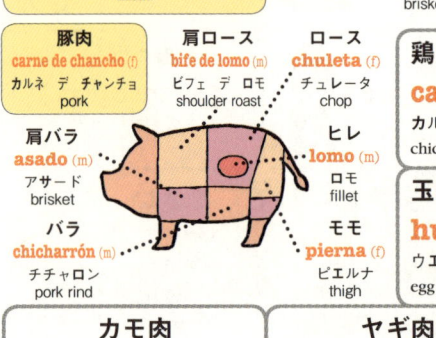

- 肩ロース **bife de lomo** (m) ビフェ デ ロモ shoulder roast
- ロース **chuleta** (f) チュレータ chop
- 肩バラ **asado** (m) アサード brisket
- ヒレ **lomo** (m) ロモ fillet
- バラ **chicharrón** (m) チチャロン pork rind
- モモ **pierna** (f) ピエルナ thigh

鶏肉
carne de pollo (f)
カルネ デ ポジョ
chicken

玉子
huevo (m)
ウエボ
egg

ひとくちコラム
部位名？料理名？
アサードやチチャロンなど、よく使われる料理名がそのまま部位名称にも使われることがある。

カモ肉
carne de pato (f)
カルネ デ パト
duck

ヤギ肉
carne de cabra (f)
カルネ デ カブラ
mountain goat

ヒツジ肉
carne de cordero (f)
カルネ デ コルデーロ
mutton

使える！ワードバンク シーフード編

魚介	**mariscos** (m,pl)	マリスコス
魚	**pescado** (m)	ペスカード
貝	**conchas** (f,pl)	コンチャス
白身	**pescado blanco** (m)	ペスカード ブランコ
ヒラメ	**lenguado** (m)	レングアード
ムール貝	**mejillón** (m)	メヒジョン
イカ	**calamar** (m)	カラマール
タコ	**pulpo** (m)	プルポ
エビ	**langostino** (m)	ランゴスティノ
川エビ	**camarón** (m)	カマロン
ホタテ	**conchita roja** (f)	コンチータ ロハ
カニ	**cangrejo** (m)	カングレホ

column｜アンデス原産の果物

世界三大美果のひとつでクリームのような果肉のチリモヤ。栗やカボチャを連想させるホッコリ食感のルクマ。種のまわりのヌルヌルが甘酸っぱくておいしいグラナディージャ。どれも生でも美味だが、アイスクリームやムースなどもおすすめ！

- ルクマ **lúcuma** (f) ルクマ lucuma
- チリモヤ **chirimoya** (f) チリモジャ chirimoya
- グラナディージャ **granadilla** (f) グラナディージャ granadilla

★【キヌア】健康食として日本で人気のキヌアは、アンデス原産のアカザ科の植物。種子を食べる。高地での重要な栄養源のひとつとして、日常的に食べられている

野菜 verduras (f,pl)
ベルドゥラス vegetables

タマネギ cebolla (f) セボージャ onion

バジル albahaca (f) アルバアカ basil

サツマイモ camote (m) カモーテ sweet potato

ニンジン zanahoria (f) サナオリア carrot

トウガラシ ají (m) アヒ chili

トウモロコシ choclo (m) チョクロ corn

ジャガイモ papa (f) パパ potato

レタス lechuga (f) レチューガ lettuce

カボチャ zapallo (m) サパージョ pumpkin

トマト tomate (m) トマテ tomato

ユカ(キャッサバ) yuca (f) ジュカ yuca

インゲン豆(乾燥) frejol (m) フレホル green bean

キュウリ pepino (m) ペピーノ cucumber

アボカド palta (f) パルタ avocado

セロリ apio (m) アピオ celery

果物 frutas (f,pl)
フルータス fruit

イチゴ fresa (f) フレサ strawberry

オレンジ naranja (f) ナランハ orange

ブドウ uva (f) ウバ grape

パイナップル piña (f) ピーニャ pineapple

パカイ ★★ pacae (m) パカエ pacae

サウコ ★ sauco (m) サウコ sauco

パッションフルーツ maracuyá (m) マラクジャ passion fruit

マンゴー mango (m) マンゴ mango

グアバ guayaba (f) グアジャバ guava

パパイヤ papaya (f) パパジャ papaya

★【サウコ】アンデスのブルーベリーと言われ、ジャムやソースに使われる
★★【パカイ】マメ科の植物。厚く硬い皮を剥き、種を包む綿のような白い部分を食す

買おう

色鮮やかな手工芸品は、おみやげにぴったり。USドルもヌエボ・ソルも使えるお店が多いが、表記には注意。

ペルーのおつり

ペルーでは大抵の所でヌエボ・ソルとUSドルの両方が使え、観光客には便利です

しかし、それを悪用する店もあります

あ、安い

それ、ドルだよ
ヌエボ・ソルじゃ
ないよ

えっ

ヌエボ・ソルの記号はs/.なので、手書きだとドルとまぎらわしいこともあります

ソルなのかドルなのか
きちんと確認しましょう

こっちは30

どっちで？

慣れない旅先の買物は少し緊張します

でも欲しい物は探せたし

ヌエボ・ソルで支払いも済んだし

値段も確認したし

あとはおつりをもらうだけ

はい、おつり

ごめんねー 1センティモがないの

ア…メ…

これ、ペルーではよくあることで、地元の人は当然のように受け取ります

お店を探そう

Buscando una tienda
ブスカンド ウナ ティエンダ
Finding Shops

○○を探しています
Estoy buscando ○○.
エストイ ブスカンド ○○
I'm looking for ○○.

○○はどこで買えますか？
¿Dónde puedo comprar ○○?
ドンデ プエド コンプラール ○○
Where can I buy ○○?

ボデガ
bodega (f)
ボデガ
general shop

調味料から缶詰、日用品まで揃っている商店。日系人や中国人などが経営する店も多く、カフェが併設されていたり、24時間営業の店もある。

キオスコ
kiosco (m)
キオスコ
kiosk

街角にある小さなスタンド式のお店。タバコや飲み物、ちょっとしたお菓子などが買える。カラフルな新聞や雑誌を眺めるのも楽しい。

市場
mercado (m)
メルカード
market

生鮮食品、パン、菓子、日用品、洋服から玩具まで、小さな店が軒を並べて売っている。安くて新鮮なものが、欲しい量だけ買えるので便利。

ショッピングセンター
centro comercial (m)
セントロ コメルシアル
shopping centre

大きな荷物は入口で預ける。リマのラルコ・マールは地元の人にも人気。買物はもちろん、レストランやカフェ、フードコートも充実。

ベーカリー
panadería (f)
パナデリーア
bakery

文房具店
tienda de artículos de escritorio (f)
ティエンダ デ アルティクロス デ エスクリトリオ
stationery shop

書店
librería (f)
リブレリーア
book store

両替所
casa de cambio (f)
カサ デ カンビオ
currency exchange

何かお探しですか？
¿En qué le puedo servir?
エン ケ レ プエド セルビール
Can I help you find something?

これを見せてください
¿Podría enseñármelo(-la)? ★
ポドリーア エンセニャールメロ（ラ）
Could you show me this, please?

見ているだけです
Gracias, sólo estoy viendo.
グラシアス ソロ エストイ ビエンド
I'm just looking.

いくらですか？
¿Cuánto cuesta?
クアント クエスタ
How much is it?

少し考えさせてください
Voy a pensarlo.
ボイ ア ペンサールロ
I'll need to think about it.

これにします
Voy a llevar esto.
ボイ ア ジェバール エスト
I'll take this.

ごめんなさい。やめます
Disculpe. Lo voy a dejar.
ディスクルペ ロ ボイ ア デハール
Sorry, I've change my mind.

もう少し安くなりませんか？
¿A cuánto me lo deja?
ア クアント メ ロ デハ
Can you give me a deal?

(この表記は) ドルですか、ソルですか？ ★★
¿En dólares, o en soles?
エン ドラレス オ エン ソレス
Is this in dollars or soles?

このカードは使えますか？
¿Se puede usar esta tarjeta?
セ プエデ ウサール エスタ タルヘータ
Can I pay with this credit card?

計算が違っていませんか？
¿No está equivocada la cuenta?
ノ エスタ エキボカーダ ラ クエンタ
I think there's a mistake in the total.

ブティック
boutique (f)
ブティック
boutique

美容院
peluquería (f)
ペルケリーア
salon

宝飾店
joyería (f)
ホジェリーア
jewelry store

薬局
farmacia (f)
ファルマシア
pharmacy

★男性名詞の場合はlo、女性名詞の場合はlaを使う
★★価格表示は、ソル（S/.）とドル（$）が混在している場合があるので、買うときに確認しよう

好きな色、柄、素材を探そう

Buscando un color, dibujo o material
ブスカンド ウン コロール ディブホ オ マテリアル
Choosing Color, Pattern, Material

◯◯色のものはありますか？
¿Hay de color ◯◯?
アイ デ コロール ◯◯
Do you have anything in ◯◯?

はい
Sí, hay.
シィ アイ
Yes, we do.

いいえ
No, no hay.
ノ ノ アイ
No, we don't.

ほかの◯◯を見せてください
¿Me puede enseñar otro(-ra) ◯◯, por favor?
メ プエデ エンセニャール オト口（ラ）◯◯ ポル ファボール
Could you show me a different ◯◯, please?

サイズ	色	プリント柄	素材
talla (f)	**color** (m)	**estampado** (m)	**material** (m)
タージャ	コロール	エスタンパード	マテリアル
size	color	printed pattern	material

明るい色	暗い色	パステルカラー
color claro (m)	**color oscuro** (m)	**tono pastel** (m)
コロール クラーロ	コロール オスクーロ	トノ パステル
bright color	dark color	pastel

赤 **rojo(-ja)** ロホ（ハ） red
白 **blanco(-ca)** ブランコ（カ） white
黄色 **amarillo(-lla)** アマリージョ（ジャ） yellow
黒 **negro(-ra)** ネグロ（ラ） black
グレー **gris** グリス grey
オレンジ **naranja** ナランハ orange

緑 **verde** ベルデ green
茶 **marrón** マロン brown
青 **azul** アスール blue
ピンク **rosa** ロサ pink
紫 **morado(-da)** モラード（ダ） purple
水色 **celeste** セレステ light blue

これは何でできていますか？
¿De qué está hecho?
デ ケ エスタ エチョ
What is this made of?

麻です
De lino.
デ リノ
From hemp.

綿です
De algodón.
デ アルゴドン
From cotton.

○○のものはありますか？
¿No tendrá de ○○?
ノ テンドラ デ ○○
Do you have anything in ○○?

リャマ	アルパカ	ビクーニャ
llama (f)	alpaca (f)	vicuña (f)
ジャマ	アルパカ	ビクーニャ
llama	alpaca	vicuna

ウール	カシミア	牛革
lana (f)	cachemira (f)	cuero de vaca (m)
ラナ	カチェミラ	クエロ デ バカ
wool	cashmere	cowhide

無地	縦縞（ストライプ）	横縞（ボーダー）
llano(-na)	a rayas	a raya horizontal
ジャノ（ナ）	ア ラージャス	ア ラージャ オリソンタル
solid	striped	bordered

花柄	チェック	レース
de flores	a cuadros	encaje (m)
デ フローレス	ア クアドロス	エンカヘ
floral	checked	lace

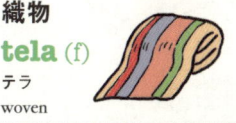

織物	編物（ニット）	刺繍
tela (f)	tejido (m)	bordado(-da)
テラ	テヒード	ボルダード（ダ）
woven	knitted	embroidered

使える！ワードバンク　服飾編

デニム	tela de jean (f)	テラ デ ジーン
バックスキン	gamuza (f)	ガムサ
手製の	hecho(-cha) a mano	エチョ（チャ）ア マノ
既製の	confeccionado(-da)	コンフェクシオナード（ダ）
オーダーメードの	mandado(-da) a hacer	マンダード（ダ）ア アセール
カジュアルな	informal	インフォルマル
伝統的な	tradicional	トラディシオナル

ひとくちコラム

リャマ、アルパカ、ビクーニャ
リャマ、アルパカ、ビクーニャはラクダ科の動物。この順に毛が細くなり、価値も上がる。アルパカの毛はカシミアより保温性があり、柔らかく良質。特に生後2年までのベビーアルパカは高級品。ビクーニャの毛は太さが1/100ミリ。インカ時代には『神の毛』と呼ばれた。一時は絶滅の危機に陥ったが、保護政策により回復しつつある。現在は許可を得た山岳民族だけが毛を刈る事ができ、製品は稀少で超高級品。

欲しいサイズ、アイテムを伝えよう

Pidiendo la talla y la prenda que queremos
ピディエンド ラ タージャ イ ラ プレンダ ケ ケレモス
Communicating Sizes and Items You Want

試着してもいいですか？
¿Puedo probar cómo me queda?
プエド プロバール コモ メ ケダ
Can I try it on?

はい、もちろんです
Sí, claro.
シィ クラーロ
Of course.

もっと○○のはありますか？
¿No tendrá uno(-na) más ○○?
ノ テンドラ ウノ (ナ) マス ○○
Do you have one that is ○○ -er?

ピッタリです
Justo a la medida.
フスト ア ラ メディーダ
It fits perfectly.

大きい **grande** グランデ big	小さい **pequeño(-ña)** ペケーニョ (ニャ) small	長い **largo(-ga)** ラルゴ (ガ) long	短い **corto(-ta)** コルト (タ) short
ゆるい **holgado(-da)** オルガード (ダ) loose	きつい **ajustado(-da)** アフスタード (ダ) tight	長袖 **manga larga** (f) マンガ ラルガ long-sleeved	半袖 **manga corta** (f) マンガ コルタ short-sleeved

ジャケット **casaca** (f) カサカ jacket

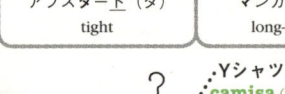

ネクタイ **corbata** (f) コルバータ necktie

スーツ **terno** (m) テルノ suit

Yシャツ **camisa** (f) カミーサ shirt

セーター **chompa** (f) チョンパ sweater

ベスト **chaleco** (m) チャレーコ vest

ベルト **correa** (f) コレア belt

スニーカー **zapatillas** (f,pl) サパティージャス sneakers

パンツ（ズボン）★ **pantalones** (m,pl) パンタロネス trousers

紳士靴 **zapatos de caballero** (m,pl) サパートス デ カバジェーロ men's shoes

★女性用パンツ（ズボン）も同じ言い方をする

Tシャツ	polo (m)	ポロ
	t-shirt	
ジーンズ	pantalón jean (m)	パンタロン ジーン
	jeans	
レインコート	impermeable (m)	インペルメアーブレ
	raincoat	
ポンチョ	poncho (m)	ポンチョ
	poncho	
オーバーコート	abrigo (m)	アブリーゴ
	overcoat	
マフラー	chalina (f)	チャリーナ
	scarf	
帽子 ★	sombrero (m)	ソンブレロ
	hat	
手袋	guantes (m,pl)	グアンテス
	gloves	
靴下	medias (f,pl)	メディアス
	socks	
サングラス	lentes de sol (m,pl)	レンテス デ ソル
	sunglasses	

使える！ワードバンク スタイル編

袖なし	sin mangas	シン マンガス
襟なし	sin cuello	シン クエージョ
丸首	con cuello redondo	コン クエージョ レドンド
Vネック	cuello V (m)	クエージョ ベ
タートルネック	cuello de tortuga (m)	クエージョ デ トルトゥーガ
ボタン	botón (m)	ボトン
ファスナー	cierre (m)	シエレ
ポケット	bolsillo (m)	ボルシージョ

使える！ワードバンク アイテム編

ダウン	casaca de plumas (f)	カサカ デ プルーマス
ジャージ (上下)	buzo (m)	ブソ
ジャンパー	casaca delgada (f)	カサカ デルガーダ
ストッキング	medias de nylon (f,pl)	メディアス デ ナイロン
パジャマ	piyama (f)	ピジャマ
下着	ropa interior (f)	ロパ インテリオール
財布	billetera (f)	ビジェテラ
ハンドバッグ	bolso (m)	ボルソ
リュック	mochila (f)	モチーラ
傘	paraguas (m)	パラグアス
ブーツ	botas (f,pl)	ボタス

ストール
chal (m)
チャル
stole

ブラウス
blusa (f)
ブルーサ
blouse

スカート
falda (f)
ファルダ
skirt

ワンピース
vestido (m)
ベスティード
dress

靴
zapatos (m,pl)
サパートス
shoes

カーデガン
chompa abierta (f)
チョンパ アビエルタ
cardigan

スカーフ
pañuelo grande (m)
パニュエロ グランデ
scarf

ビーチサンダル
sayonaras (f,pl)
サヨナラス
sandals

ハイヒール
zapatos de taco (m,pl)
サパートス デ タコ
high heels

★ニット帽はgorro（ゴロ）

日用品、食料品を探そう

En busca de artículos de uso diario y comestibles
エン ブスカ デ アルティクロス デ ウソ ディアリオ イ コメスティーブレス
Finding Daily Necessities and Food

○○はありますか？
¿Tiene ○○?
ティエネ ○○
Do you have ○○?

歯ブラシ
cepillo de dientes (m)
セピージョ デ ディエンテス
toothbrush

歯磨き粉
pasta dental (f)
パスタ デンタル
toothpaste

シャンプー
champú (m)
チャンプー
shampoo

リンス
acondicionador (m)
アコンディシオナドール
conditioner

石鹸
jabón de tocador (m)
ハボン デ トカドール
soap

タオル
toalla (f)
トアージャ
towel

洗剤
detergente (m)
デテルヘンテ
detergent

ひげそり
máquina de afeitar (f)
マキナ デ アフェイタール
razor

リップクリーム
protector labial (m)
プロテクトール ラビアル
lip balm

ハンドクリーム
crema de manos (f)
クレーマ デ マノス
hand cream

日焼け止め
crema protectora de sol (f)
クレーマ プロテクトーラ デ ソル
sunscreen

●ボデガにて

○○の瓶詰
○○ en frasco
○○ エン フラスコ
bottled ○○

調味料
condimento (m)
コンディメント
condiments

スパイス
especia (f)
エスペシア
spice

ガム
chicle (m)
チクレ
gum

キャンディ
caramelo (m)
カラメロ
candy

○○の缶詰
○○ en lata
○○ エン ラタ
canned ○○

インスタント食品
comida instantánea (f)
コミーダ インスタンタネア
instant food

惣菜
comida preparada (f)
コミーダ プレパラーダ
prepared food

ボールペン
lapicero (m)
ラピセーロ
pen

ノート
cuaderno (m)
クアデルノ
notebook

切手
estampilla (f)
エスタンピージャ
stamp

時計
reloj (m)
レロッ
watch

使える！ワードバンク 衛生グッズ編

綿棒	**isopo** (m)	イソポ
爪切り	**cortaúñas** (m)	コルタウニャス
化粧水	**loción humectante** (f)	ロシオン ウメクタンテ
クレンジングオイル	**aceite de limpieza facial** (m)	アセイテ デ リンピエサ ファシアル
生理用品	**toalla higiénica** (f)	トアージャ イヒエニカ
虫除け	**repelente** (m)	レペレンテ
かゆみ止め	**artículo para la picazón** (m)	アルティクロ パラ ラ ピカソン

封筒
sobre (m)
ソブレ
envelope

賞味期限
fecha de vencimiento (f)
フェチャ デ ベンシミエント
expiration date

使える！ワードバンク 電化製品編

携帯電話	**teléfono celular** (m)	テレフォノ セルラール
電池	**pila** (f)	ピラ
変圧器	**transformador** (m)	トランスフォルマドール
充電器	**cargador de batería** (m)	カルガドール デ バテリーア
パソコン	**computadora** (f)	コンプタドーラ
デジタルカメラ	**cámara digital** (f)	カマラ ディヒタル
メモリーカード	**tarjeta de memoria** (f)	タルヘータ デ メモリア

セール
oferta (f)
オフェルタ
sale

● キオスクにて

絵ハガキ
tarjeta postal (f)
タルヘータ ポスタル
postcard

ティッシュペーパー
kleenex (m)
クリネクス
tissue

タバコ
cigarro (m)
シガーロ
tobacco

お菓子
golosina (f)
ゴロシーナ
snacks

ライター
encendedor (m)
エンセンデドール
lighter

地図
mapa (m)
マパ
map

本
libro (m)
リブロ
book

雑誌
revista (f)
レビスタ
newspaper

新聞
periódico (m)
ペリオディコ
magazine

★ペルーで電池やメモリーカードを購入したいときはショッピングセンター（centro comercial）へ行こう

ペルーみやげを買おう

Vamos a comprar recuerdos del Perú
バモス ア コンプラール レクエルドス デル ペルー
Buying Peruvian Souvenirs

ペルーらしいみやげを探しています
Estoy buscando un recuerdo típico.
エストイ ブスカンド ウン レクエルド ティピコ
I'm looking for a souvenir to remind of Peru.

原産地はどこですか？
¿De dónde es?
デ ドンデ エス
Where is it made?

この置物を〇個買ったらいくらですか？
¿Si compro 〇 adornos, a cuánto me los deja?
シ コンプロ 〇 アドルノス ア クアント メ ロス デハ
If I buy 〇 of this figurine, how much will it be?

民芸品
artesanía (f)
アルテサニーア
artwork

アンデス各地の織物や刺繍、手編みの指人形など、バラエティ豊かな品々。

エケコ人形
muñeco equeco (m)
ムニェコ エケコ
equeco doll

インカの神様。タバコを吸わせると持ち主に富をもたらすと言われる。

陶器
cerámica (f)
セラミカ
ceramics

アヤクーチョの素焼きに色付けしてあるアクセサリーはおみやげの定番。

ひょうたん細工
mate burilado (m)
マテ ブリラード
gourd work

ワンカイヨの伝統工芸品。乾燥した瓢箪に繊細な模様が彫られている。

ワイルーロ
huayruro (m)
ウアイルーロ
huayruro seeds

幸福を呼ぶと言われているアマゾンの木の実。お守りやアクセサリーに。

民族楽器
instrumento tradicional (m)
インストゥルメント トラディシオナル
traditional instruments

フォルクローレのファンならケーナやサンポーニャなども旅の思い出に。

刺繍入りグッズ
accesorios bordados (m,pl)
アクセソリオス ボルダードス
embroidery

手刺繍ならではの繊細さが魅力。アマゾンのシピボ族の刺繍の美しさは見事。

出土品レプリカ
réplica de piezas arqueológicas (f)
レプリカ デ ピエサス アルケオロヒカス
archaeological replicas

トゥミ
tumi (m)
トゥミ
tumi

魔除け
amuleto (m)
アムレート
amulet

ひとくちコラム

トゥミ
古代の儀式に使用されたナイフ。生け贄となった動物の臓器を取り出すときに使われた。現在では、おみやげとして人気のモチーフとなっている。

プレゼント用に包装してもらえますか？
¿Lo podría envolver para regalo?
ロ　ポドリーア　エンボルベール　パラ　レガロ
Can you gift-wrap it for me?

別々の袋に入れてもらえますか？
¿Lo podría poner en bolsa separada?
ロ　ポドリーア　ポネール　エン　ボルサ　セパラーダ
Can you wrap them separately?

金銀細工
artesanía de oro y plata (f)
アルテサニーア デ オロ イ プラータ
gold work

鉱物資源の豊かなペルーは古代から金銀細工が盛ん。専門店も多い。特に銀製品は良質で値段もお手ろ。ただし裏の刻印を確認すること。

織物
tejidos (m,pl)
テヒードス
weaving

タキーレ島が有名だが、アマゾンの泥染め、アンデスの草木染めなど、織物文化も各地で異なる。伝統的な模様にはそれぞれ意味があるとか。

マンタ
manta (f)
マンタ
manta

山岳民族の女性が使う一枚布。色も柄もさまざまで風呂敷やタペストリー、テーブルクロスなど、アイディア次第でいろいろな使い方ができる。

カムカム製品
producto de camu camu (m)
プロドゥクト デ カム カム
camu camu products

カムカムはアマゾンの果物。地球上の植物のなかでもビタミンCが多いことで有名。

マカ製品
producto de maca (m)
プロドゥクト デ マカ
maca products

マカはアブラナ科に属する植物。ビタミン、ミネラル、アミノ酸がいっぱい。

サチャインチオイル
aceite de Sacha Inchi (m)
アセイテ デ サチャ インチ
Sacha Inchi oil

アマゾンの蔓草サチャインチの油。オメガ3ほか栄養素を多く含む。

天然塩
sal natural (f)
サル ナトゥラル
natural salt

アンデスに湧き出す深海水を棚田で天日乾燥。ミネラル豊富でまろやか。

使える！ワードバンク　おみやげ編

日本語	スペイン語	カナ
チェス	**ajedrez** (m)	アヘドレス
アクセサリー	**accesorio** (m)	アクセソリオ
キーホルダー	**llavero** (m)	ジャベーロ
Tシャツ	**polo** (m)	ポロ
木箱	**cofre** (m)	コフレ
ピスコ	**pisco** (m)	ピスコ
ぬいぐるみ	**peluche** (m)	ペルーチェ

★ローズヒップも有名。アンデスに自生する野バラの果実。ビタミンが多く、美容に良いとされる。食品からコスメに至るまで、幅広く加工されている。

極めよう

マチュピチュにナスカの地上絵と、みどころいっぱいのペルー。マチュピチュでは観光客に人気のリャマも必見！

リャマ

マチュピチュの名物と言えば

遺跡を我が物顔で歩き回るリャマ

つぶらな瞳と長いまつげ、愛らしいその姿は、観光客には絶好の被写体です

★リャマ…ラマとも呼ばれることもある

しかし、シャッターを押すのに夢中で

いーねー

ついつい近づきすぎると…

かわいいよー

ぺっ

ラクダ科のリャマは敵を威嚇するのに唾液を吐きます

つば……？

くさっ

ペルーの歴史を極めよう①

Conozcamos la historia del Perú①
コノスカモス ラ イストリア デル ペルー ウノ
Learning Peruvian History one

厳しい自然環境にもかかわらず、古代の人々は豊かな文明を創り上げた。海岸の乾燥地帯では漁業とアンデスの雪解け水を使った農耕を、山岳地帯では急斜面を利用して標高にあった作物を栽培した。各地の独特な文化が影響しあいながら発展し、南米最大の先住民国家インカ帝国への道筋がつくられた。

ひとくちコラム
カラル遺跡（Zona arqueológica de Caral）とは？紀元前2600年ごろリマ北部で栄えたとされるアメリカ大陸最古の都市。綿栽培と漁業を基盤とした。基壇建築、石造りのピラミッド、半地下の円形広場などがあり、コンドルとペリカンの骨製フルートも出土した。

①チャビン
Chavín
チャビン
Chavin

ペルー中央山岳地帯で開化。石の神殿「チャビン・デ・ワンタル」が文化の中心とされ、神殿の地下に高さ4.5mの主神ランソン石碑が立っている。

①草創期〜チャビンの影響が拡大した時代　　　　②地方文化の興隆時代

BC3000 — 1000年 — 800年 — 600年 — 400年 — 200年 — 0年 — 400年

カラル遺跡（BC2600年頃）　　チャビン（BC1000〜BC200年頃）　　モチェ（0〜700年頃）

ランソン石碑（チャビン）
Lanzón monolítico
ランソン モノリティコ
Lanzon Monolith

土器（モチェ）
vasija de barro (f)
バシーハ デ バロ
Moche pottery

地上絵（ナスカ）
las Líneas de Nazca
ラス リネアス デ ナスカ
Nasca drawings

②地方文化の興隆時代

北部のモチェ川付近で興ったモチェ、南部の砂漠地帯で繁栄したナスカ、チチカカ湖を中心に栄えたティワナクの3つの地方文化に代表される時代。それぞれ独創的な芸術を開花させた。モチェの「太陽の神殿（ワカ・デル・ソル）」など巨大な神殿が作られるようになり、労働力の統制から階層的な社会となる。

モチェ
Moche
モチェ
Moche

王による統治、灌漑農耕。黄金装飾、ユニークな形の土器など芸術が開化したが、気候変動により衰退。

ナスカ ➡P70
Nazca
ナスカ
Nazca

カワチ神殿や地上絵で知られる。地下水路を建設し井戸を掘り、豆やトウモロコシを栽培した。

★★★ケーロとは、装飾の施された杯やコップ型の器のこと。土器だけでなく、木製のものもある

これはいつの時代のものですか？
¿De qué época es esto?
デ ケ エポカ エス エスト
What era is this from?

文明

civilización (f)
シビリサシオン
civilization

③ワリの影響が拡大した時代

紀元前から繁栄したティワナク（最盛期は6〜8世紀と考えられる）と、ワリに代表される時代。いずれの文化も高地で栄え、位置的にも隣り合わせに共存した。ワリは灌漑技術を利用したトウモロコシ栽培でアンデス全域と海岸地域にまで影響を与え、ティワナクは盛り土農法によるジャガイモ栽培で栄えた。

ワリ
Wari
ワリ
Wari

豊富な雪解け水と段々畑を用い、高地での農業に成功。独特の建築技術と文化で各地に影響を与えた。

ティワナク
Tiahuanaco
ティウナナコ
Tiahuanaco

首都はボリビアにあった。石造建造物が文化の中心。神や鳥人の文様など、ワリ文化との類似性がみられる。

---

③ワリの影響が拡大した時代　　④チムーなどの地方国家の時代　　インカ帝国の時代

600年　800年　1000年　1200年　1400年　1600年

シカン（800〜1375年頃）
ナスカ（BC100〜700年頃）　ワリ（500年〜900年頃）　チムー（1100年頃〜1470年頃）
ティワナク（BC200〜1100年頃）　　インカ（1200年代後半頃〜）

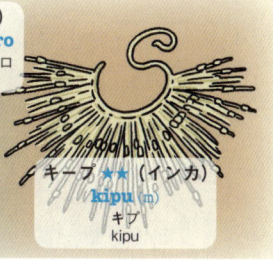

ケーロ ★★★（ワリ）
kero (m)
ケロ
kero

黄金大仮面（シカン）
Gran máscara de oro
グラン マスカラ デ オロ
Sican gold mask

キープ ★★（インカ）
kipu (m)
キプ
kipu

④地方国家の時代

シカンやチムーの他、海岸部のチャンカイや高地のカハマルカなど特徴ある国家が各地に誕生。15世紀にはインカ帝国が勢力を拡大した。

チムー
Chimú
チム
Chimu

首都（チャンチャン）とシウダデーラ（宮殿）を建設。大規模な灌漑農耕。黄金製品が大量生産された。

シカン ★
Sicán
シカン
Sican

1983年、考古学者の島田泉氏が発見して命名。壮大な神殿と仮面の文化。金製品と青銅を大量生産。

インカ
Inca
インカ
Inca

君主制のもと互恵制度と道路網で南米大陸最大の文明に発展。ミイラ信仰や縄を使った記録法なども特徴。

★シカンとは先住民の言葉、チムック語で「月の神殿」を意味する
★★キープとは、結び目で数字や物の名を記録した縄を束ねたもの

ペルーの歴史を極めよう②

Conozcamos la historia del Perú②
コノスカモス ラ イストリア デル ペルー ドス
Learning Peruvian History two

ペルー共和国としての歴史は浅く、200年に満たない。13代皇帝アタワルパが侵略者ピサーロに処刑され、インカの歴史に幕が下りた。その後約300年にわたる植民地支配を経て独立。1860年代には砂糖や綿花の増産により労働力が不足。積極的に諸外国から移住者を受け入れ、多民族・多人種の国家となった。

アタワルパ ★
Atahualpa
アタウアルパ
Atahualpa

この人は誰ですか?
¿Quién es esta persona?
キエン エス エスタ ペルソーナ
Who is this person?

インカ帝国時代（〜1533年） | スペイン植民地時代（1533〜1824年）

1400　1500　1600　1700

1532年　ピサーロ　インカ帝国を征服
Pizarro conquista el Imperio Incaico
ピサロ コンキスタ エル インペリオ インカイコ
Pizarro conquers the Incan Empire

1572年　トゥパックアマル処刑
Ejecución de Túpac Amaru
エヘクシオン デ トゥパック アマル
Execution of Tupac Amaru I

1780年　先住民反乱
Rebelión Indígena
レベリオン インディヘナ
Rebellion of Tupac Amaru II

● 先住民解放に立ちあがった人物

トゥパックアマル1世
Túpac Amaru I
トゥパック アマル プリメーロ
Tupac Amaru I

先住民反乱の象徴。ピサーロにより帝位についた父の跡を継ぐが、1572年、スペイン軍によりクスコの大群衆の前で処刑される。

トゥパックアマル2世 ★
Túpac Amaru II
トゥパック アマル セグンド
Tupac Amaru II

先住民反乱の指導者。クスコ近郊の出身。スペインの圧制や先住民差別に抗議。1780年に起こした反乱は大陸に広がり、5〜6万もの先住民を動員した。

★第13代インカ皇帝。1532年、異母兄である12代皇帝ワスカルとの戦いに勝利し王となるが、その翌年、ピサーロ率いるスペイン征服団によって処刑された

column ｜ 日系移住者の歴史

1899年、日本政府の移住者事業により日本人790人がペルーに渡った。過酷な労働と劣悪な生活環境のなか、病に倒れる人が続出し、多くの人が逃亡。帰国する術もなく、現地にとどまって移住者人生が始まった。しかし、この惨状は日本へは伝えられず、その後も多くの人が希望を胸に渡航した。現地の日本人同士の絆は深く、仲間同士で協力し、助け合い、今日の日系人社会の基盤を築いた。現在、日本語の話せない子孫も含め、日系人は約10万人。政界をはじめ、様々な分野で活躍している。1990年には、2世のアルベルト・フジモリ氏が日系人初の大統領となった。

いつの時代の人ですか？
¿De qué época es esta persona?
デ ケ エポカ エス エスタ ペルソーナ
In what era did that person live?

ひとくちコラム

センデロ・ルミノソとは？
「輝く道」の意味のテロ組織。80年代後半から頻繁にテロや誘拐事件を引き起こした。92年にほぼ壊滅したが、残党が一部山岳地域でまだ活動中。

ペルー共和国時代（1824年〜）

1800　　1900　　2000

1824年　ペルー共和国独立
Independencia de la República del Perú
インデペンデンシア デ ラ レプブリカ デル ペルー
Independence of the Republic of Peru

1825年　ボリビア分離
Separación de Bolivia
セパラシオン デ ボリビア
Separation of Bolivia

1879〜1883年　チリとの戦争／太平洋戦争
Guerra con Chile / Guerra del O. Pacífico
ゲラ コン チレ／
ゲラ デル オセアノ パシフィコ
War with Chile / Pacific War

●ペルー近代化の立役者

ホセ・デ・サン＝マルティン
José de San Martín
ホセ デ サン マルティン
Jose de San Martin

アルゼンチン生まれの軍人。南米各国を独立させるために活躍した。1821年7月28日、ペルー共和国の独立を宣言する。

シモン・ボリーバル
Simón Bolívar
シモン ボリバール
Simon Bolivar

ベネズエラ生まれの軍人・政治家。南米のエル・リベルタドール（解放者）。1824年、ペルー独立を決定付けた。後にボリビア独立に貢献、その国名となった。

★トゥパックアマル2世の本名はホセ・ガブリエル・コンドルカンキ・ノゲラ（José Gabriel Condorcanqui Noguera）

マチュピチュへ行こう
Vamos a Machu Picchu
バモス ア マチュ ピチュ
Going to Machu Picchu

アンデスの山々に囲まれ、マチュピチュ（老いた峰）とワイナピチュ（若い峰）に挟まれた標高2400mに浮かぶ「空中都市」。15世紀半ば、インカの第9代皇帝パチャクティが築き、太陽を神と崇めたインカ人の儀礼の舞台だったといわれる。灌漑や排水設備も整い、帝国の技術の高さがうかがえる。

●マチュピチュの見どころ

⑨ワイナピチュ/月の神殿
④インティワタナ
②聖なる広場
③3つの窓の神殿
⑤コンドルの神殿
⑩インティプンク、インカ道へ
⑦太陽の神殿
⑧王女の宮殿
⑥水汲み場
①段々畑

★アンデスでは標高3600m以上でジャガイモを作っている。標高差（＝温度差）により栽培される作物が異なる

○○はどちらの方向ですか？
¿En qué dirección está ○○?
エン ケ ディレクシオン エスタ ○○
Which direction is ○○?

ひとくちコラム
ハイラム・ビンガムとは？
ハワイ出身の考古学者。1911年インカ最後の都「ビルカバンバ」を求めて探索中にマチュピチュを発見。映画「インディ・ジョーンズ」のモデル。

インカ道
Camino del Inca
カミーノ デル インカ
Inca Trail

マチュピチュ村
Pueblo de Machu Picchu
プエブロ デ マチュ ピチュ
Machu Picchu included

①段々畑
andenes (m,pl)
アンデネス
terraced fields

主にトウモロコシを栽培。地面の侵食を防ぐ効果もある。

この建物はなんですか？
¿Qué es este edificio?
ケ エス エステ エディフィシオ
What is this building?

②聖なる広場
Plaza Sagrada
プラサ サグラーダ
Sacred District

主神殿と、3つの窓の神殿などに囲まれ、神事を行った場所。

③3つの窓の神殿
Templo de las Tres Ventanas
テンプロ デ ラス トレス ベンタナス
Temple of the Three Windows

東の窓から朝陽が差し込む。冬至の日には3つ同じ大きさの影ができる。

④インティワタナ
Intihuatana
インティウアタナ
Intihuatana

「太陽をつなぎ止める石」。日時計とも太陽儀礼の神聖な場所ともいわれる。

⑤コンドルの神殿
Templo del Cóndor
テンプロ デル コンドル
Condor Temple

コンドルの形の石組みで、牢獄とも、祈りの場だったともいわれる。

⑥水汲み場
fontanas (f,pl)
フォンタナス
the Fountains

水汲み場は合計16カ所。水道橋を通じて山から清らかな水が引かれている。

⑦太陽の神殿
Templo del Sol
テンプロ デル ソル
Temple of the Sun

陵墓の上にあり、太陽への儀礼が行われた。冬至と夏至の日に朝陽が差し込む。

⑧王女の宮殿
Aposento de la Ñusta
アポセント デ ラ ニュスタ
Palace of the Princess

太陽の神殿の隣に位置する。石積みの壁と大きな扉が美しい2階建ての建物。

⑨ワイナピチュ★/月の神殿
Huayna Picchu / Templo de la Luna
ウアイナ ピチュ/テンプロ デ ラ ルナ
Huayna Picchu/ Temple of the Moon

山頂からの眺めは圧巻。深い緑の中を下ると、洞窟内に石組の神殿が現れる。

⑩インティプンク
Intipunku
インティプンク
Sun Gate

太陽の門。インカの古道沿いにあり、マチュピチュの入口といわれる。

★ワイナピチュの入山には人数制限がある。入山時間は要確認

ナスカの地上絵を見よう

Vamos a ver las Líneas de Nazca
バモス ア ベール ラス リネアス デ ナスカ
Seeing the Nazca Lines

標高600mの砂漠地帯、ナスカ平原に描かれている700を超える地上絵。1930年代に発見されて以来、色々な仮説がある。近年有力視されているのが、「水」との関わり。過酷な環境で農耕するナスカ人が雨乞いをし、自然を支配すると信じられた天空の神へ祈りを捧げた場であるといわれている。

マリア・ライヘ ★
María Reiche
マリーア レイチェ
Maria Reiche

あれはなんの絵ですか?
¿Qué dibujo es aquello?
ケ ディブホ エス アケージョ
What is the drawing of?

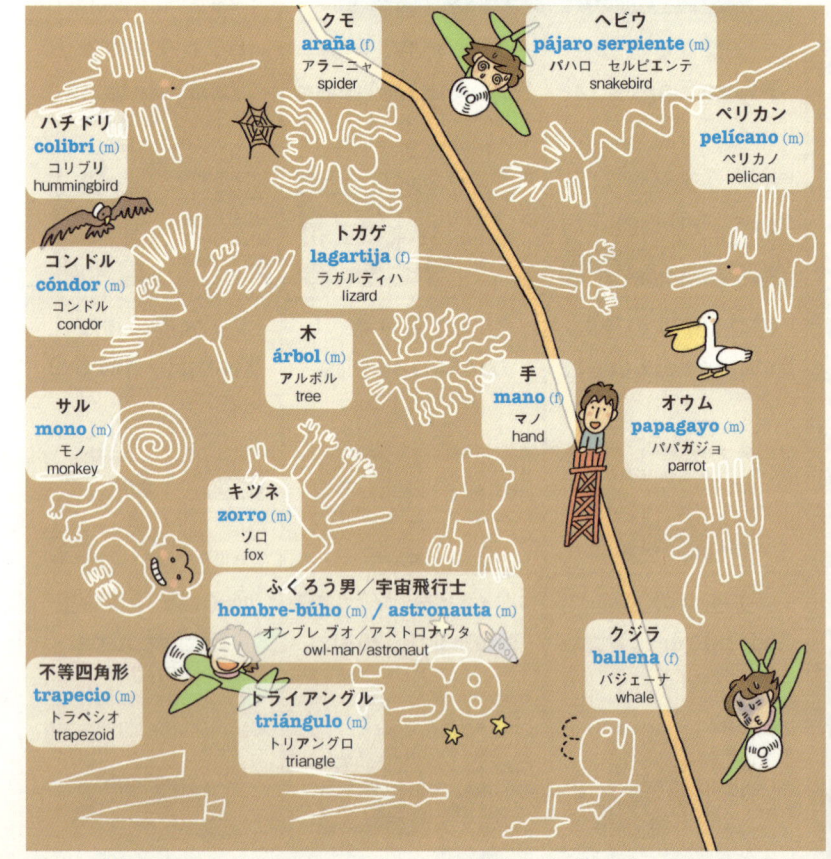

クモ
araña (f)
アラーニャ
spider

ヘビウ
pájaro serpiente (m)
パハロ セルピエンテ
snakebird

ハチドリ
colibrí (m)
コリブリ
hummingbird

ペリカン
pelícano (m)
ペリカノ
pelican

コンドル
cóndor (m)
コンドル
condor

トカゲ
lagartija (f)
ラガルティハ
lizard

木
árbol (m)
アルボル
tree

手
mano (f)
マノ
hand

オウム
papagayo (m)
パパガジョ
parrot

サル
mono (m)
モノ
monkey

キツネ
zorro (m)
ソロ
fox

ふくろう男／宇宙飛行士
hombre-búho (m) / **astronauta** (m)
オンブレ ブオ／アストロナウタ
owl-man/astronaut

クジラ
ballena (f)
バジェーナ
whale

不等四角形
trapecio (m)
トラペシオ
trapezoid

トライアングル
triángulo (m)
トリアングロ
triangle

★【マリア・ライヘ】1903～1998年。ドイツ人数学者。地上絵の調査、保護に半生を捧げた。マドレ・デ・パンパ「大平原の母」と称えられている

●ナスカ文明と地上絵の謎

2～8世紀に栄えたナスカ文明。土器や織物にも地上絵に見られる芸術的センスがあり、動物や植物、神々の姿、農耕や魚を獲る人などが色彩豊かに表現されている。地上絵が描かれた理由には諸説ある。①宇宙人説（ふくろう男の絵が宇宙人か）②熱気球説（織物の技術を利用して熱気球を作り上げ、空から眺めた）③蜃気楼説（蜃気楼でできた幻の湖から水を引くための水路。水を求めた人々の願いがこめられた）④ナスカ人のアート、など。マリア・ライヘが唱えたのは、⑤天体観測説（線や図は天体の動き、動物は星座を表す）。だが、どれも実証されていない。

○○で地上絵を見たいのですが…
Quisiera ver las líneas desde ○○.
キシエラ　ベール　ラス　リネアス　デズデ　○○
I'd like to see the drawings at ○○.

セスナ
avioneta cessna (f)
アビオネータ　セスナ
Cessna

空から地上絵を満喫！セスナはナスカ空港などから数社が運行している。

観測塔
mirador (m)
ミラドール
observation tower

マリア・ライヘ女史が建設。高さ20mの塔からは、手と木が間近に見える。

自然の丘
mirador natural (m)
ミラドール　ナトゥラル
natural hill

いくつにも伸びる放射状の線と、平原に沈む美しい夕日が望める。

---

column | ナスカ郊外のみどころ

ナスカの西に位置するカワチ遺跡はピラミッドや神殿を有し、ナスカ文明の中心地だった。またナスカの東側にはパレドネス遺跡があり、そばにはナスカ時代に作られた地下水路がある。南側に位置するナスカ墓では当時の死生観が感じられ、北西に位置するパルパでは、山の斜面に描かれた地上絵が見られる。

パレドネス遺跡
Los Paredones
ロス　パレドネス
Paredones Ruins

墓地跡／ナスカ墓
Huellas de cementerio /
Cementerio Nazca
ウエジャス　デ　セメンテリオ／セメンテリオ　ナスカ
Cemetery Ruins / Nazca Cemetery

カワチのピラミッド
Pirámide de Cahuachi
ピラミデ　デ　カゥアチ
Cahuachi Pyramid

パルパの地上絵
Líneas de Palpa
リネアス　デ　パルパ
Palpa Lines

男性　**hombre** (m)
オンブレ
male

豊穣・繁殖 ★
fertilidad (f)
フェルティリダッ
fertility

女性　**mujer** (f)
ムヘール
female

★「豊穣や繁殖の神」だとも「子供」だという説もある

セルバの
動植物を知ろう
Conozcamos las plantas y animales de la selva
コノスカモス ラス プランタス イ
アニマレス デラ セルバ
Plants and Animals in Selva

ペルー国土の約60％はセルバ（密林・森林地帯➡P12）。アンデス山脈の東側には標高差のある密林が広がる。希少な動植物の楽園が広がり、ジャングル体験ツアーも人気。

あの<u>動物</u>はなんですか？
¿Qué <u>animal</u> es aquél?
ケ アニマル エス アケル
What <u>animal</u> is that?

アンデスイワドリ
gallito de las Rocas (m)
ガジート デ ラス ロカス
Andean cock-of-the-rock
ペルーの国鳥。冠状の飾り羽をもち、オスは体色が派手だが、メスは地味。集団見合いのような求愛行動が有名。

クロクモザル
mono araña (m)
モノ アラーニャ
spider monkey
クモのように長い手足と尾を使い、枝から枝へ素早く移動する。主食は果実や木の実だが、昆虫や卵も食べる。

シロゴイサギ
garza (f)
ガルサ
crane
ブルーと黒のコントラスト、白く長い後頭部の飾り羽根が美しい鳥。水生動物を捕食。

ジャガー
jaguar (m)
ハグアル
jaguar
体長1.2～2m。南北アメリカ最大のネコ科。頭骨が大きく噛む力が強い。古代アンデスでは信仰の対象だった。

コンゴウインコ
guacamayo rojo (m)
グアカマジョ ロホ
red-and-green macaw
色鮮やかな大型インコ。大きく力の強い嘴で木の実や果実、昆虫などを捕食。ミネラル摂取の為に土壁もつつく。

コバチー
phragmipedium peruana (orquídea) (f)
プラグミペディウム ペルアーナ（オルキデア）
phragmipedium orchid
今世紀初めにペルー北部で発見された希少種の蘭。ペルー全土には3000種以上の蘭があるといわれる。

オオオニバス
victoria amazónica (f)
ビクトリア アマソニカ
victoria amazonica
アマゾン川流域に自生。葉の直径は約1.2～2m。夜咲きの花は色が白から濃桃色へ変化する。香りが強い。

使える！ワードバンク　セルバ編

植物	**plantas** (f,pl)	プランタス
木	**árbol** (m)	アルボル
花	**flor** (f)	フロール
蘭	**orquídea** (f)	オルキデア
鳥	**pájaro** (m)	パハロ
昆虫	**insecto** (m)	インセクト
蝶	**mariposa** (f)	マリポサ
爬虫類	**reptil** (m)	レプティル

ひとくちコラム

マヌー国立公園
アマゾン川源流の一つ、マヌー川流域に位置する。標高150～4200m、1万5000km²以上の広大なエリア（ほとんどが熱帯雨林地帯）には、ジャガーなど絶滅危惧種の動物も多い。大部分は完全保護区で一般人の立入が禁止されているが、エコツーリズムに開かれた地区もある。地元民が暮らす文化地区では、自然環境に配慮したレベルで狩猟・採集が許されている。訪れるなら4～10月の乾期に。

アマゾン・カワイルカ
delfín rosado (m)
デルフィン ロサード
Amazon river dolphin

カワイルカのなかで最大。細長い口には歯があり、頭部を自由に動かし、カニや小魚、小さなカメなどを捕食する。

エンペラー・タマリン
tamarino emperador (m)
タマリーノ　エンペラドール
emperor tamarin

立派な口髭と円らな瞳の霊長類。体長23～25.5cm。生後7～10日はオスが世話をする。昼行性。

パイチェ
paiche (m)
パイチェ
arapaima

大型淡水魚。3m以上になる個体も。現地では食用になる。ワシントン条約等で規制・保護されている。

ヘレナモルフォ
mariposa morpho helenor (f)
マリポサ　モルフォ　エレノール
morpho helena

モルフォチョウのなかでも大型で、世界で最も美しい蝶の一種といわれる。青く眩いばかりの輝きを放つ。

カピバラ
carpincho (m)
カルピンチョ
capybara

齧歯類で最大種。硬い体毛に覆われ、草食性。朝夕に動き、日中はのんびりしている。泳ぎの名人。

キャッツクロー
uña de gato (f)
ウーニャ デ ガト
uncaria

アマゾンに自生する蔓性植物。ネコの爪に似たトゲがある。樹皮や根に薬効成分があり、先住民が薬として用いた。

オオカワウソ
nutria gigante (f)
ヌトリア　ヒガンテ
giant otter

個体によっては体長2mほどになる。水辺に巣穴を作り、魚類、甲殻類、小型の哺乳類、昆虫を捕食する。

アンデスの織物を極めよう

Conozcamos los tejidos de los Andes
コノスカモス ロス テヒードス デ ロス アンデス
Peruvian Textiles

織物の歴史は古く、紀元前2600年ごろのカラル遺跡では漁網を作っていたとされる。文明が発展するにつれ、神聖なものとして神への供物や儀礼の道具、または贈答品としても用いられた。近年では現代的な技術やモチーフを取り入れながら、各部族特有の技法や模様が伝統工芸として受け継がれている。

●アンデス地方の織物ができるまで（地域や部族により異なる）

①糸つむぎ
hilar
イラール
spun thread
綿や動物の毛を引き伸ばし、ねじりながら細い糸にする。

②染色
teñir
テニール
dyeing
植物の葉、根、茎などを煮出したもので色をつけ、天日で乾燥させる。

③織る ★
tejer
テヘール
weave
主に「腰織機」と呼ばれる織機で文様を織り込み、仕上げる。

この模様はなんですか？
¿Qué representa este diseño?
ケ レプレセンタ エステ ディセーニョ
What is this design?

ひとくちコラム
古代の文様について
縞模様、格子柄、幾何学模様のほか、神格化された動物や鳥、自然をモチーフにしたものが多い。その部族や、村を象徴するデザインもあったという。

鳥
ave (f)
アベ
bird

コンドルなど鳥は、天の神、または天と地を結ぶ存在として、現在も人気のあるモチーフだ。

波
ola (f)
オラ
wave

人や大地、すべてに潤いを与えてくれる水の力を敬い、その象徴として波が描かれたと考えられる。

眼
ojo (m)
オホ
eye

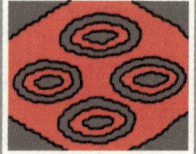

ジャガーなど夜行性の猫科動物も神格化された。その眼や牙は、土器や織物の重要な文様となっている。

神／人物
dios (m) / **persona** (f)
ディオス／ペルソーナ
god / person

手にした杖はあらゆるパワーの象徴。このモチーフは人格化された神、または神官や権力者といわれる。

★「(毛糸を)編む」はhacer punto（アセール プント）、「(レースを)編む」はhacer encaje（アセール エンカヘ）。毛糸の帽子や手袋、レース編みも多い

すてきですね！
¡Qué bonito!
ケ ボニート
That's beautiful!

ひとくちコラム
アマゾン「シピボ族」の泥染め
カオバの樹皮で茶色に染めた布に、泥で絵を描く。樹皮のタンニンと泥に含まれる鉄分が結合・酸化し、黒く発色する。下絵なしで描かれた独特の幾何学模様は、神である「蛇」や彼ら特有の世界観を表しているといわれる。

●アンデス地方の民族衣装

日常着

帽子
chullo (m)
チュジョ
hat
耳あてつきニット帽。男性用。

コカ袋
chuspa (f)
チュスパ
bag
嗜好品であるコカの葉を入れる。男性用。

ポンチョ
poncho (m)
ポンチョ
poncho
防寒や風雨をしのぐ。手足を入れて座ると全身温かい。

帽子
sombrero (m)
ソンブレロ
sombrero
山高帽は植民地時代の西洋人をまねたとか。髪は三つ編み。

マンタ
manta (f)
マンタ
manta
→P61

スカート
pollera (f)
ポジェラ
skirt
裾が汚れ傷んだら切り取り、新しいスカートを重ねてはく。

晴れ着

帯
chumpi (m)
チュンピ
belt
男女共に、結び目が後ろになるように結ぶ。

ベスト
chaleco (m)
チャレーコ
vest
上着からのぞく派手なベストは、おしゃれのポイント！

パンツ
pantalón (m)
パンタロン
trousers
ハイウエストの部分にはギャザーがよっていて動きやすい。

靴
zapatos (m, pl)
サパートス
shoes
古タイヤの再生サンダル（jotaホータ）や、合皮の靴など。

帽子
montera (f)
モンテーラ
hat
地方や村により色や形、飾りが違う。ユニークな形も多い。

ショール
llijlla (f)
リヒリャ
shawl
マンタともいわれるが、晴れの日はやっぱり刺繍入り。

上着
saco (m)
サコ
jacket
前も後ろも特徴ある刺繍で飾られ、ひと目で出身地がわかる。

★晴れ着のスカートの裾飾りも素晴らしい。凝った刺繍で裾を華やかに彩り、個性的なアレンジを楽しむ

ペルーの音楽を極めよう

Aprendamos sobre la música del Perú
アプレンダモス ソブレ ラ ムシカ デル ペルー
Listening to Peruvian Music

フォルクローレとは本来「民族音楽」の意だが、ペルーでは先住民が奏でるアンデス音楽を指す。しかしアンデス音楽＝ペルー音楽ではない。ヨーロッパ・アフリカ起源のクレオール音楽という大事なジャンルがあるからだ。また今日では、国内外の音楽を取り込んだ密林地帯の音楽や、国産ロックも元気だ。

アンデス音楽
Música de los Andes (f)
ムシカ デ ロス アンデス
Music of the Andes

アンデス山脈を吹き抜ける風のようなケーナの音がこの音楽によく似合う。「コンドルは飛んで行く」はペルー人ダニエル・アロミアスの作品。都会へ移住した若者が生んだダンス音楽チチャなど新ジャンルもある。

ラウル・ガルシア・サラテ
Raúl García Zárate
ラウル ガルシーア サラテ
Raúl García Zárate

（1932～）ギターの名手。アンデスの風景を再現する多彩な音色は、まさにペルー音楽界の宝といえる。

イマ・スマック
Yma Sumac
イマ スマック
Yma Sumac

（1922～2008）4オクターブの声域を誇るソプラノ歌手。インカ皇帝の末裔を名乗り、海外でも活躍した。

●アンデス音楽の演奏風景

ボンボ（打楽器）
bombo (m)
ボンボ
bass drum

チャランゴ（弦楽器）
charango (m)
チャランゴ
charango

ケーナ（笛）
quena (f)
ケーナ
quena

バイオリン（弦楽器）
violín (m)
ビオリン
violin

サンポーニャ（笛）
zampoña (f)
サンポーニャ
pan flute

★歌手はcantante（カンタンテ）

これはなんという楽器ですか？
¿Cómo se llama este instrumento?
コモ セ ジャマ エステ インストゥルメント
What instrument is that?

○○の生演奏はどこで聞けますか？
¿Dónde se puede escuchar en vivo a ○○?
ドンデ セ プエデ エスクチャール エン ビボ ア ○○
Where can I hear some live ○○ music?

音楽
música (f)
ムシカ
music

曲／歌
canción (f)
カンシオン
song

アフロペルー音楽
Música afroperuana (f)
ムシカ アフロペルアーナ
afroperuvian music

ワルツやポルカなどヨーロッパ起源の音楽はうっとりするほど美しいが、アフリカ起源の音楽のエネルギーはこれまたスゴイ。複雑なリズム、はやし声、腹に響く打楽器は多人種社会のエネルギーを象徴している。

エバ・アイジョン
Eva Ayllón
エバ アイジョン
Eva Ayllón

（1956～）力強い歌声と声量を持つ。少女時代からその歌唱力が注目された、国民的歌手。

スサーナ・バカ
Susana Baca
スサーナ バカ
Susana Baca

（1944～）ハスキーで包みこむような深い歌声。ラテングラミー賞受賞。幅広いジャンルで活動。

●アフロペルー音楽の演奏風景

カホン (打楽器)	キハーダ (体鳴楽器)★	サパテオ (足の踏みならし)	カヒータ (打楽器)	ギロ (打楽器)	センセーロ／カンパナ (金属打楽器)
cajón (m)	**quijada** (f)	**zapateo** (m)	**cajita** (f)	**güiro** (m)	**cencerro** (m)/**campana** (f)
カホン	キハーダ	サパテオ	カヒータ	グイロ	センセーロ／カンパーナ
cajon	quijada	zapateo	cajita	guiro	cencerro/campana

★キハーダとは馬の下顎の骨を乾燥させて作った楽器。ぐらぐらになった歯が振動することにより音がでる

ペルーの舞踊を極めよう

Conozcamos las danzas del Perú
コノスカモス ラス ダンサス デル ペルー
Learning Peruvian Dance

ペルー人とダンスは切り離せない。各地の祭りには色鮮やかな衣装の伝統舞踊が披露され、サルサなどのラテンダンスも盛んだ。間近で音楽と舞踊が見られるペーニャもある。

○○を見たいのですが…
Me gustaría ver ○○.
メ グスタリーア ベール ○○
I'd like to see ○○.

ダンス	生バンド演奏	民族衣装
danza (f)	**presentación de una banda en vivo**	**ropa típica** (f)
ダンサ	プレセンタシオン デ ウナ バンダ エン ビボ	ロパ ティピカ
dance	live band	traditional clothing

マリネーラ・リメーニャ
Marinera limeña (f)
マリネーラ リメーニャ
marinera limeña

国民舞踊と言われるほどあちこちで見られるマリネーラ。リマで踊られるのがこれで、白ハンカチを手にした男女が恋の駆け引きを優雅に踊る。8分の6拍子。

マリネーラ・ノルテーニャ
Marinera norteña (f)
マリネーラ ノルテーニャ
marinera norteña

マリネーラのなかで最も有名な北部海岸地帯のもの。女性は裸足、男性は白ハンカチとソンブレロを手に踊る。ステップが早くダイナミック。コンクールもある。

フェステホ
Festejo (m)
フェステホ
festejo

アフリカに起源を持つ激しい踊り。男女とも裸足で、腰を前後左右に、また八の字に動かす。4拍子と8分の6拍子が絡まった複雑なリズム。

ランドー
Landó (m)
ランドー
Landó

フェステホと同じくアフリカ起源だがリズムはゆったりめ。男女が肩や腰を激しく震わせ、エロティックに踊る。それが問題視されて禁止されていた時期もある。

ひとくちコラム

ペーニャへ行こう
音楽や舞踊を楽しみながら食事ができるペーニャ。本来はカホンとギターなどを持ちよって演奏し、賑やかに過ごす"Jarana（ハラナ）"の場であった。クレオール音楽がメインだが、観光客向けにフォルクローレの音楽や舞踊を披露する店もある。また黒人音楽とダンスに特化したペーニャもあるので、聴きたい音楽で店を選ぼう。通常はショーチャージ制だが、店により異なる。アルコールはレストランより高め。

ショーチャージはいくらですか？
¿Cuánto cuesta para ver el espectáculo?
クアント クエスタ パラ ベール エル エスペクタクロ
How much is the show?

今夜のプログラムを教えてください
Me puede mostrar el programa de esta noche, por favor.
メ プエデ モストラール エル プログラマ デ エスタ ノーチェ ポル ファボール
Please tell me the program tonight.

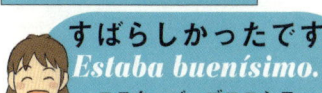

すばらしかったです
Estaba buenísimo.
エスターバ ブエニシモ
It was wonderful.

踊りませんか？
¿Bailamos?
バイラモス
Would you like to dance?

クスコのワイノ
Huayno del Cuzco (m)
ウアイノ デル クスコ
Cuzco huayno

ワイノはアンデスを代表する伝統舞踊で地方ごとに特徴がある。2拍子で、カラフルな民族衣装を着た男女がグループになって踊る。陽気で楽しい踊り。

ワイラス
Huaylas (m)
ウアイラス
huaylas

トウモロコシの種をまいたり耕したりの農作業が踊りの起源。2拍子で、民族衣装の男女が掛け合いで踊り、最終的にはカップルになる。ワンカーヨ地方の踊り。

クジャウア
Kullahua (f)
クジャウア
kullahua

糸紡ぎが踊りの起源。アイマラ族の踊りで、チチカカ湖畔のプーノの神話から生まれた。美しい手刺繍の衣装や帽子の真珠が豪華。女性の列に男性陣が添う。

ハサミ踊り
Danza de las tijeras (f)
ダンサ デ ラス ティヘーラス
scissors dance

農耕儀礼を起源とする国の文化財。大きなハサミを片手で操ってリズムを刻み、その技を競う。本来は男2人の舞踊。アヤクーチョとワンカベリカ地方の踊り。

祭りに参加しよう

Vamos a los festivales
バモス ア ロス フェスティバレス
Going to Festivals

国民の大半がカトリック教徒のペルーには、宗教的な祭りが多い。また、古代より自然を支配する神へ祈りを捧げてきた先住民たちも、その信仰や儀式を祭りという形で今に伝えている。農耕や村人たちの気質が原点とされるユニークな祭りも少なくない。ペルーには、とにかく祭りが多いのだ！

インティライミ（クスコ／6月24日）
Inti Raymi
インティ ライミ
Inti Raymi

南米三大祭の一つ。ケチュア語でインティは「太陽」、ライミは「祭り」。一年の収穫を神である太陽に感謝し、翌年の豊作を祈るインカの祭り。スペイン統治時代に途切れたが、現在は毎年6月24日に開催。フィナーレの舞台はサクサイワマンの丘。「太陽の子」を名乗る皇帝により、数々の重要な儀式が行われる。

①祭りの宣言
discurso del Inca
ディスクルソ デル インカ
festival declaration

太陽の神殿（コリカンチャ）にて、民族衣装姿の皇帝が祭りの始まりを宣言。

- 皇帝 **Inca** (m) インカ Inca
- 皇后 **Coya** (f) コジャ Coya

②行進
desfile
デスフィレ
procession

金のみこしに乗った皇帝と皇后、民族衣装を着た4つの州の踊り子たちが行進。

- 太陽の処女 **Aclla** (f) アクジャ Sun virgin
- みこし **andas** (f.pl) アンダス shrine

奇跡の主（リマ／10月）
Señor de los Milagros
セニョール デ ロス ミラグロス
Lord of Miracles

黒人奴隷が描いたイエスの壁画、これがもたらした数々の奇跡を讃える祭り。イエスの絵をみこしにのせ街を練り歩くと、そこは奇跡を願う人で溢れる。甘い菓子トゥロンは、「主」への祈りで健康を取り戻した女性が作ったという伝説があり、この時期には欠かせない。

○○はどこで見られますか？
¿Dónde se puede ver ○○?
ドンデ セ プエデ ベール ○○
Where can I see ○○?

祭り
festival (m)
フェスティバル
festival

○○はもう始まりましたか？
¿Ya ha empezado ○○?
ジャ ア エンペサード ○○
Has ○○ begun yet?

儀式
ritual (m)
リトゥアル
ritual

③チチャの儀式
ritual de la chicha
リトゥアル デ ラ チチャ
chicha ritual

トウモロコシの酒(チチャ)を、大地の神(パチャママ)と太陽の神に捧げる。

④いけにえの儀式
ritual del sacrificio
リトゥアル デル サクリフィシオ
sacrifice ritual

いけにえであるリャマの心臓が皇帝により太陽にかざされ、祭りは最高潮に。

心臓……
corazón (m)
コラソン
heart

トゥミ
tumi (m)
トゥミ
tumi

チチャ
chicha (f)
チチャ
chicha

けんか祭り（クスコ県サント・トマス村／12月25日）

Festival del pueblo de Santo Tomás (Takanakuy)
フェスティバル デル プエブロ デ サント トマス （タカナクイ）
Festival of Saint Thomas

村人のなかで起こったもめ事を、クリスマスの日にケンカで解決する祭り。指名を受けたら拒否はできない。一対一で潔く戦うことで、男として認められるのだ。汗と血が飛び散る素手と素手とのぶつかり合いは強烈だが、正々堂々と戦った後は笑顔で握手する。

★チチャの儀式の後、コカの葉で来年の運勢を占う。呪術師は「curande**ro** (-ra) クランデー**ロ**（ラ）」。占いは「adivinaciónアディビナシオン」

暦、祭、イベント

Calendario, festivales, eventos
カレンダリオ フェスティバレス エベントス
Calendar, Festivals, Events

今日は特別な日ですか？
¿Hoy se celebra algo en especial?
オイ セ セレブラ アルゴ エン エスペシアル
Is today a special day?

今日は◯◯です
Hoy es el día de ◯◯.
オイ エス エル ディア デ ◯◯
Today is ◯◯.

大みそか
Nochevieja (f)
ノチェビエハ
New Year's Eve

元旦 (1月1日)
Año Nuevo (m)
アーニョ ヌエボ
New Year's Day

クリスマス (12月25日)
Navidad (f)
ナビダッ
Christmas

キリストの誕生を祝う日。カトリックが多いペルーでは一番重要な祭日。イブの夜、家族が集まり、七面鳥の丸焼きや、ドライフルーツが入ったパン（パネトン）を食べ、深夜0時を待つ。日付が変わると声をあげて祝福しあい、プレゼントを開ける。

クリスマスイブ (12月24日)
Nochebuena (f)
ノチェブエナ
Christmas Eve

聖母受胎の日 (12月8日)
Día de la Inmaculada Concepción
ディア デ ラ インマクラーダ コンセプシオン
Day of the Immaculate Conception

諸聖人の日（万聖節）(11月1日)
Día de Todos los Santos
ディア デ トードス ロス サントス
All Saints' Day

カトリック教の聖人を敬う日。日本のお盆に相当し、お墓参りに行く人が多い。前日のハロウィンは前夜祭となる。

アンガモス海戦記念日 (10月8日)
Día del Combate de Angamos
ディア デル コンバーテ デ アンガモス
Battle of Angamos Day

1879年にアンガモス岬でチリと交戦、ペルーは敗北した。その時戦死したミゲル・グラウ提督の功績を称えて制定された。

1月 enero (m) エネーロ January	**2月** febrero (m) フェブレーロ February
12月 diciembre (m) ディシエンブレ December	**夏** verano (m) ベラーノ summer
11月 noviembre (m) ノビエンブレ November	**春** primavera (f) プリマベーラ spring
10月 octubre (m) オクトゥブレ October	**9月** septiembre (m) セプティエンブレ September

---

★山岳地帯では11〜3月が雨期、4〜10月が乾期、海岸地帯は11〜4月が夏季、5〜10月が冬季にあたる。森林地帯は年間を通じて高温多湿

誕生日おめでとう！
¡Feliz cumpleaños!
フェリス　クンプレアーニョス
Happy birthday!

連休
fin de semana largo (m)
フィン　デ　セマーナ　ラルゴ
long weekend

主顕節／三賢人の日 (1月6日)
Día de los Reyes Magos
ディア　デ　ロス　レイジェス　マゴス
Epiphany

キリストの誕生を祝い、東方から三賢者が訪れたとされる日。

結婚式
matrimonio (m)
マトリモニオ
wedding

聖週間 (3月後半〜4月中旬)
Semana Santa (f)
セマーナ　サンタ
Holy Week

イエス・キリストの復活を祝う日で、ペルー最大の連休。聖体行列が行われる。本来、この週は肉を食べずに魚を食べる習慣があった。

3月	4月
marzo (m)	**abril** (m)
マルソ	アブリル
March	April

秋	5月
otoño (m)	**mayo** (m)
オトーニョ	マジョ
autumn	May

メーデー (5月1日)
Día del Trabajo
ディア　デル　トラバホ
May Day

冬	6月
invierno (m)	**junio** (m)
インビエルノ	フニオ
winter	June

聖ペドロ・聖パブロの日 (6月29日)
Día de San Pedro y San Pablo
ディア　デ　サン　ペドロ　イ　サン　パブロ
St.Peter and St. Paul Day

8月	7月
agosto (m)	**julio** (m)
アゴスト	フリオ
August	July

独立記念日 (7月28〜29日)
Fiestas Patrias
フィエスタス　パトリアス
Independence Festival

聖ロサの日 (8月30日)
Día de Santa Rosa
ディア　デ　サンタ　ロサ
Santa Rosa de Lima Day

米大陸で初の聖人となったロサは国家及び警察の守護聖人である。盛大なセレモニーや、聖像を担いだ警察官のパレードが行われる。

ひとくちコラム

独特なお祭り
ペルーにはたくさんのお祭りがある。聖体祭（クスコ/5〜6月）は聖人像を担いで行進。冷たい肉の盛合せに舌鼓をうつ。サン・ファン（イキトス他アマゾン地方/6月）は真夜中に川で身体を清め、一年の幸せを願う。聖カルメンの祭り（パウカルタンボ村/7月）は仮面の踊り子たちの歌と踊りで街中が熱狂する。コカの葉祭り（ワサオ村/8月）で行うコカの葉占いは当たる！らしい。死者の祭り（トレントン村/11月）は村人が白い頭巾を被った奇妙な姿で、死者の霊を迎える。

伝えよう

大人も子どももパーティーが大好き。ペルーの人は料理上手ですすめ上手。うれしいけど、お腹はちょっと苦しい!?

ピニャータ

大勢でわいわいやるのが大好きなペルー人は、何かと理由を付けてパーティーをします

レストランを借り切ったり、楽団を呼んだりの豪華なものまで、さまざまです

当然、誕生日も盛大に祝います

お母さんが腕を振るった料理の並ぶ自宅でのパーティーから

いずれも、会場の飾りつけには気合いが入ります

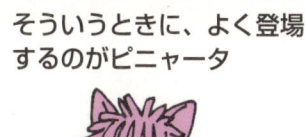

そういうときに、よく登場するのがピニャータ	中にお菓子やおもちゃをつめた人形で、高い所からつりさげ

棒でたたいて割ります（子ども用だけでなく大人用もあります）

えいっ
えいっ

このピニャータ私に似てる？？

数字、序数

Número y ordinal
ヌメロ イ オルディナル
Numbers and Ordinals

0.1	**cero punto uno** セロ プント ウノ zero point one	
100	**ciento/cien** シエント／シエン one hundred	
500	**quinientos(-tas)** キニエン<u>トス</u>（タス） five hundred	
1000	**mil** ミル one thousand	
1万	**diez mil** ディエス ミル ten thousand	
10万	**cien mil** シエン ミル one hundred thousand	
100万	**un millón** ウン ミジョン one million	
1億	**cien millones** シエン ミジョネス one hundred million	

0	0	**cero** セロ zero
1	1	**uno(-na)** ウ<u>ノ</u>（ナ） one
2	2	**dos** ドス two
3	3	**tres** トレス three
4	4	**cuatro** クアトロ four
5	5	**cinco** シンコ five
6	6	**seis** セイス six
7	7	**siete** シエテ seven
8	8	**ocho** オチョ eight
9	9	**nueve** ヌエベ nine

数	スペイン語	数	スペイン語	意味	スペイン語	意味	スペイン語
10	**diez** ディエス ten	20	**veinte** ベインテ twenty	最初の/1番目の	**primero(-ra)** プリメーロ(ラ) first	2倍	**doble** ドブレ double
11	**once** オンセ eleven	30	**treinta** トレインタ thirty	2番目の	**segundo(-da)** セグンド(ダ) second	3倍	**triple** トリプレ triple
12	**doce** ドセ twelve	40	**cuarenta** クアレンタ forty	3番目の	**tercero(-ra)** テルセーロ(ラ) third	半分	**mitad** ミタッ half
13	**trece** トレセ thirteen	50	**cincuenta** シンクエンタ fifty	最後の	**último(-ma)** ウルティモ(マ) last	全部	**todo** トード all
14	**catorce** カトルセ fourteen	60	**sesenta** セセンタ sixty				
15	**quince** キンセ fifteen	70	**setenta** セテンタ seventy				
16	**dieciséis** ディエシセイス sixteen	80	**ochenta** オチェンタ eighty				
17	**diecisiete** ディエシシエテ seventeen	90	**noventa** ノベンタ ninety				
18	**dieciocho** ディエシオチョ eighteen						
19	**diecinueve** ディエシヌエベ nineteen						

使える！ワードバンク　数字編

- ○皿　○ **plato(s)** プラート(ス)
- ○回　○ **vez(-ces)** ベス(セス)
- (薄切り)○枚　○ **rebanada(s)** レバナーダ(ス)
- ○人　○ **persona(s)** ペルソーナ(ス)
- ○mm　○ **milímetro(s)** ミリメトロ(ス)
- ○cm　○ **centímetro(s)** センティメトロ(ス)
- ○m　○ **metro(s)** メトロ(ス)
- ○g／kg　○ **gramo(s)/kilogramo(s)** グラモ(ス)／キログラモ(ス)
- コップ○杯　○ **vaso(s)** バソ(ス)
- カップ○杯　○ **taza(s)** タサ(ス)
- スプーン○杯　○ **cucharada(s)** クチャラーダ(ス)
- ○瓶　○ **botella(s)** ボテージャ(ス)

ひとくちコラム　数字の読み方

25 = 20 + 5
　　　ベインテ イ シンコ
　　→ ベインティシンコ

38 = 30 + 8
　　　トレインタ イ オチョ
☆ 30〜90 は十の位と一の位を『イ』でつなぐ

154 = 100 + 50 + 4
　　　シエント　シンクエンタ イ クアトロ

400 = 4 + 100
　　　クアトロ シエントス

【例外】 500 (キニエントス) ／ 700 (セテシエントス) ／ 900 (ノベシエントス)

★千単位の読み方　1000＋百の位以下 (ミル＋百の位以下)　例) 1980　ミル ノベシエントス オチェンタ

時間と一日
Horas y sucesos del día
オラス イ スセソス デル ディア
Time, Daily Activities

今、何時ですか？
¿Qué hora es?
ケ オラ エス
What time is it?

どのくらい時間がかかりますか？
¿Cuántas horas se tarda más o menos?
クアンタス オラス セ タルダ マス オ メノス
How long will it take?

ここに10時に集合です
Nos reunimos aquí a las diez.
ノス レウニモス アキ ア ラス ディエス
Let's meet here at 10.

午前 a.m. ア エメ morning

早朝 madrugada (f) マドゥルガーダ early morning

朝 mañana (f) マニャーナ morning

| 0時 | 1時 | 2時 | 3時 | 4時 | 5時 | 6時 | 7時 | 8時 | 9時 | 10時 | 11時 | 12時 |

1時 la una ラ ウナ one o'clock
3時 las tres ラス トレス three o'clock
5時 las cinco ラス シンコ five o'clock
7時 las siete ラス シエテ seven o'clock
9時 las nueve ラス ヌエベ nine o'clock
11時 las once ラス オンセ eleven o'clock

0時 *medianoche* (f) メディアノーチェ midnight
2時 las dos ラス ドス two o'clock
4時 las cuatro ラス クアトロ four o'clock
6時 las seis ラス セイス six o'clock
8時 las ocho ラス オチョ eight o'clock
10時 las diez ラス ディエス ten o'clock
12時 las doce ラス ドセ twelve o'clock, noo[n]

起床 levantarse レバンタールセ wake up

就寝 acostarse アコスタールセ bed time

朝食 desayuno (m) デサジュノ breakfast

出勤 salir al trabajo サリール アル トラバホ go to work

6時に起こしてください
Despiérteme a las seis.
デスピエルテメ ア ラス セイス
Please wake me at 6 a.m.

何時に着きますか？
¿A qué hora llega?
ア ケ オラ ジェガ
What time will you arrive?

5分後に会いましょう
Nos encontramos en cinco minutos.
ノス エンコントラモス エン シンコ ミヌートス
Let's meet in 5 minutes.

★時間を午前と午後で言い分ける場合は、12時までの言い方の後ろにde la mañana（午前）、de la tarde（午後）、de la noche（夜）のいずれかをつける

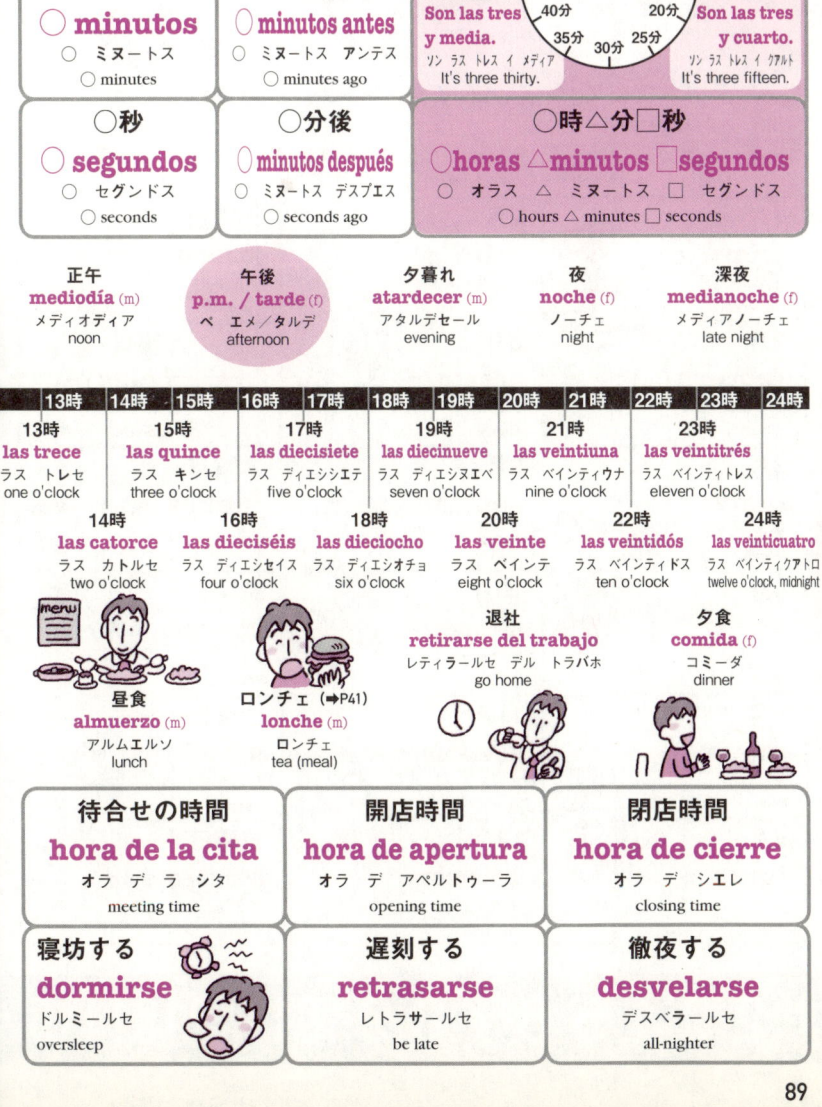

○時に	a las ○	アラス ○	at ○
○時間	○ horas	○ オラス	○ hours
○分	○ minutos	○ ミヌートス	○ minutes
○分前	○ minutos antes	○ ミヌートス アンテス	○ minutes ago
○秒	○ segundos	○ セグンドス	○ seconds
○分後	○ minutos después	○ ミヌートス デスプエス	○ seconds ago

4時15分前です
Un cuarto para las cuatro.
ウン クアルト パラ ラス クアトロ
It's quarter to four.

3時5分です
Son las tres y cinco.
ソン ラス トレス イ シンコ
It's three oh five.

3時30分です
Son las tres y media.
ソン ラス トレス イ メディア
It's three thirty.

3時15分です
Son las tres y cuarto.
ソン ラス トレス イ クアルト
It's three fifteen.

○時△分□秒
○ horas △ minutos □ segundos
○ オラス △ ミヌートス □ セグンドス
○ hours △ minutes □ seconds

正午	午後	夕暮れ	夜	深夜
mediodía (m)	**p.m. / tarde** (f)	**atardecer** (m)	**noche** (f)	**medianoche** (f)
メディオディア	ペ エメ／タルデ	アタルデセール	ノーチェ	メディアノーチェ
noon	afternoon	evening	night	late night

13時	14時	15時	16時	17時	18時	19時	20時	21時	22時	23時	24時
las trece	**las catorce**	**las quince**	**las dieciséis**	**las diecisiete**	**las dieciocho**	**las diecinueve**	**las veinte**	**las veintiuna**	**las veintidós**	**las veintitrés**	**las veinticuatro**
ラス トレセ	ラス カトルセ	ラス キンセ	ラス ディエシセイス	ラス ディエシシエテ	ラス ディエシオチョ	ラス ディエシヌエベ	ラス ベインテ	ラス ベインティウナ	ラス ベインティドス	ラス ベインティトレス	ラス ベインティクアトロ
one o'clock	two o'clock	three o'clock	four o'clock	five o'clock	six o'clock	seven o'clock	eight o'clock	nine o'clock	ten o'clock	eleven o'clock	twelve o'clock, midnight

昼食	ロンチェ (→P41)	退社	夕食
almuerzo (m)	**lonche** (m)	**retirarse del trabajo**	**comida** (f)
アルムエルソ	ロンチェ	レティラールセ デル トラバホ	コミーダ
lunch	tea (meal)	go home	dinner

待合せの時間	開店時間	閉店時間
hora de la cita	**hora de apertura**	**hora de cierre**
オラ デ ラ シタ	オラ デ アペルトゥーラ	オラ デ シエレ
meeting time	opening time	closing time

寝坊する	遅刻する	徹夜する
dormirse	**retrasarse**	**desvelarse**
ドルミールセ	レトラサールセ	デスベラールセ
oversleep	be late	all-nighter

年、月、日、曜日

Año, mes, día, día de la semana
アーニョ メス ディア ディア デ ラ セマーナ
Years, Months, Dates, Days

いつペルーに来ましたか？
¿Cuándo llegó a Perú?
クアンド ジェゴ ア ペルー
When did you come to Peru?

月曜日です
El lunes.
エル ルネス
On Monday.

4月1日です
El primero de abril.
エル プリメーロ デ アブリル
On April 1st.

いつまで滞在しますか？
¿Hasta cuándo va a estar?
アスタ クアンド バ ア エスタール
How long are you staying?

1月
enero (m)
エネーロ
January

2月
febrero (m)
フェブレーロ
February

3月
marzo (m)
マルソ
March

4月
abril (m)
アブリル
April

5月
mayo (m)
マジョ
May

6月
junio (m)
フニオ
June

7月
julio (m)
フリオ
July

8月
agosto (m)
アゴスト
August

9月
septiembre (m)
セプティエンブレ
September

10月
octubre (m)
オクトゥブレ
October

11月
noviembre (m)
ノビエンブレ
November

12月
diciembre (m)
ディシエンブレ
December

月曜日
lunes (m)
ルネス
Monday

火曜日
martes (m)
マルテス
Tuesday

水曜日
miércoles (m)
ミエルコレス
Wednesday

木曜日
jueves (m)
フエベス
Thursday

金曜日
viernes (m)
ビエルネス
Friday

土曜日
sábado (m)
サバド
Saturday

日曜日
domingo (m)
ドミンゴ
Sunday

1 2 3 4 5 6 7 8 9 10 11 12 13 14 15

今日は何曜日ですか?
¿Qué día es hoy?
ケ ディア エス オイ
What day is it today?

きのう	きょう	あした
ayer	**hoy**	**mañana**
アジェール	オイ	マニャーナ
yesterday	today	tomorrow

先週	今週	来週
semana pasada (f)	**esta semana** (f)	**próxima semana** (f)
セマーナ パサーダ	エスタ セマーナ	プロクシマ セマーナ
last week	this week	next week

先月	今月	来月
mes pasado (m)	**este mes** (m)	**próximo mes** (m)
メス パサード	エステ メス	プロクシモ メス
last month	this month	next month

去年	今年	来年
año pasado (m)	**este año** (m)	**próximo año** (m)
アーニョ パサード	エステ アーニョ	プロクシモ アーニョ
last year	this year	next year

○日前★	○カ月前	○年前
hace ○ día(s)	**hace ○ mes(es)**	**hace ○ año(s)**
アセ ○ ディア(ス)	アセ ○ メス(セス)	アセ ○ アーニョ(ス)
○ days ago	○ months ago	○ years ago

○日後★	○カ月後	○年後
dentro de ○ día(s)	**dentro de ○ mes(es)**	**dentro de ○ año(s)**
デントロ デ ○ ディア(ス)	デントロ デ ○ メス(セス)	デントロ デ ○ アーニョ(ス)
in ○ days	in ○ months	in ○ years

いつ

○○は何月(何日/何曜日)におこなわれますか?
¿En qué mes (fecha) se llevará a cabo el/la ○○?
エン ケ メス (フェチャ) セ ジェバラ ア カボ エル/ラ ○○
What month (date/day) is ○○?

○月	○日 (➡P86 数字)	○曜日
El (mes) ○○.	**El (día) ○○.**	**El ○○.**
エル (メス) ○○	エル (ディア) ○○	エル ○○
It's in ○.	It's on ○.	It's on ○.

6 17 18 19 20 21 22 23 24 25 26 27 28 29 30 31

★現在を基点にした言い方

家族、友だち、性格

Familia, amigos y su carácter
ファミリア アミーゴス イ ス カラクテル
Family, Friends, Personality

あなたには兄弟（姉妹）がいますか？
¿Tiene usted hermanos(-nas)?
ティエネ ウステッ エルマーノス（ナス）
Do you have brothers or sisters?

はい。兄弟（姉妹）が一人います
Sí, tengo un (una) hermano(-na).
シィ テンゴ ウン（ウナ） エルマーノ（ナ）
Yes, I have one brother (sister).

祖父
abuelo (m)
アブエロ
grandfather

私の家族
mi familia (f)
ミ ファミリア
My Family

祖母
abuela (f)
アブエラ
grandmother

おじさん
tío (m)
ティオ
uncle

父
padre (m)
パドレ
father

母
madre (f)
マドレ
mother

おばさん
tía (f)
ティア
aunt

兄弟
hermano (m)
エルマーノ
brother

私
yo
ジョ
I /me

姉妹
hermana (f)
エルマーナ
sister

息子
hijo (m)
イホ
son

夫／妻
esposo (m) / **esposa** (f)
エスポソ/エスポサ
husband/wife

娘
hija (f)
イハ
daughter

子供
niño(-ña)
ニーニョ（ニャ）
child

両親
padres (m,pl)
パドレス
parent

夫婦
esposos (m,pl)
エスポーソス
couple

孫
nieto(-ta)
ニエト（タ）
grandchild

舅（姑）
suegro(-ra)
スエグロ（ラ）
parent-in-law

いとこ
primo(-ma)
プリモ（マ）
cousin

男性
hombre (m)
オンブレ
man

女性
mujer (f)
ムヘール
woman

甥（姪）
sobrino(-na)
ソブリノ（ナ）
nephew/niece

少年／少女
adolescente (m,f)
アドレセンテ
boy/girl

友だち
amigo(-ga)
アミーゴ (ガ)
friend

親友
mejor amigo(-ga)
メホール アミーゴ (ガ)
close friend

ひとくちコラム
後見人
洗礼を受けたキリスト教徒には後見人（代父母）がいる。女性をマドリーナ、男性をパドリーノと呼び、宗教儀式などに立会い、子供の成長を見守る。

恋人
novio(-via)
ノビオ (ビア)
boyfriend/girlfriend

隣人
vecino(-na)
ベシーノ (ナ)
neighbor

上司
jefe(-fa)
ヘフェ (ファ)
superior

同僚
colega (m,f)
コレガ
colleague

彼は私の幼なじみです
Él es mi amigo de la infancia.
エル エス ミ アミーゴ デ ラ インファンシア
He's a childhood friend.

同級生
compañero(-ra) de clase (m,f)
コンパニェロ (ラ) デ クラセ
classmate

あなたはとても親切な人ですね
Usted es muy amable.
ウステッ エス ムイ アマーブレ
You're very kind.

私は面白い人が好きです
Me gusta la gente divertida.
メ グスタ ラ ヘンテ ディベルティーダ
I like funny people.

使える！ワードバンク　人の性格編

優しい	bondadoso(-sa)	ボンダドーソ (サ)
厳しい	estricto(-ta)	エストリクト(タ)
上品な	elegante	エレガンテ
気前のいい	generoso(-sa)	ヘネローソ (サ)
勇敢な	valiente	バリエンテ
魅力的な	atractivo(-va)	アトラクティーボ(バ)
感じの良い	simpático(-ca)	シンパティコ (カ)

● 人の性格をあらわす単語

賢い
inteligente
インテリヘンテ
intelligent

ハンサムな
guapo
グアポ
handsome

美人な
guapa
グアパ
beautiful

明るい
alegre
アレーグレ
bright

照れ屋
vergonzoso(-sa)
ベルゴンソーソ (サ)
bashful

男らしい
varonil
バロニル
masculine

もの静かな
tranquilo(-la)
トランキーロ (ラ)
gentle

ケチな
tacaño(-ña)
タカーニョ (ニャ)
cheap

趣味、職業

Pasatiempos y ocupaciones
パサティエンポス イ オクパシオネス
Interests and Occupations

あなたの趣味はなんですか？
¿Cuál es su pasatiempo?
クアル エス ス パサティエンポ
What are your hobbies?

スポーツです
Los deportes.
ロス デポルテス
I like sports.

旅行	ダンス	読書	料理
viajar	**bailar**	**leer libros**	**cocina** (f)
ビアハール	バイラール	レエール リブロス	コシーナ
travel	dance	reading	cooking

音楽鑑賞	映画鑑賞	スポーツ観戦
escuchar música	**ver películas**	**ver deportes**
エスクチャール ムシカ	ベール ペリクラス	ベール デポルテス
listening to music	watching films	watching sports

カラオケ	楽器の演奏	写真
karaoke (m)	**tocar instrumentos**	**fotografía** (f)
カラオケ	トカール インストルメントス	フォトグラフィーア
karaoke	playing music	photography

山登り	食べ歩き	ショッピング
escalar	**ir de restaurantes**	**ir de compras**
エスカラール	イール デ レスタウランテス	イール デ コンプラス
mountain climbing	eating at restaurants	shopping

私はコンピューターを学んでいます
Estoy estudiando computación.
エストイ エストゥディアンド コンプタシオン
I'm studying computers.

政治	経済
política (f)	**economía** (f)
ポリティカ	エコノミーア
politics	economics

文学	工学
literatura (f)	**ingeniería** (f)
リテラトゥーラ	インヘニエリーア
literature	engineering

使える！ワードバンク 〔専攻編〕

医学	**medicina** (f) メディシーナ
法律	**derecho** (m) デレーチョ
芸術	**arte** (m) アルテ
語学	**lingüística** (f) リングイスティカ
教育	**educación** (f) エドゥカシオン
考古学	**arqueología** (f) アルケオロヒーア
国際関係	**relaciones internacionales** (f,pl) レラシオネス インテルナシオナレス

私は○○です
Soy ○○.
ソイ ○○
I'm a ○○.

プログラマー
ingeniero(-ra) de sistemas
インヘニエーロ (ラ) デ システマス
programmer

公務員
funcionario(-ria)
フンシオナリオ (リア)
civil servant

事務員
oficinista (m,f)
オフィシニスタ
office worker

エンジニア
ingeniero(-ra)
インヘニエーロ (ラ)
engineer

運転手
conductor(-ra)
コンドゥクトール (ラ)
driver

漁師
pescador(-ra)
ペスカドール (ラ)
fisher

教師
profesor(-ra)
プロフェソール (ラ)
professor

調理師
cocinero(-ra)
コシネーロ (ラ)
chef

美容師
peluquero(-ra)
ペルケーロ (ラ)
beautician

農家
agricultor(-ra)
アグリクルトール (ラ)
farmer

ウエイトレス
mesera (f)
メセーラ
waitress

ウエイター
mozo (m)
モソ
waiter

経営者
empresario(-ria)
エンプレサリオ (リア)
manager

販売員
vendedor(-ra)
ベンデドール (ラ)
salesperson

弁護士
abogado(-da)
アボガード (ダ)
lawyer

会計士
contador(-ra)
コンタドール (ラ)
accountant

医師
médico(-ca)
メディコ (カ)
doctor

看護師
enfermero(-ra)
エンフェルメロ (ラ)
nurse

私は○○関係の会社で働いています
Trabajo en una empresa de ○○.
トラバホ エン ウナ エンプレサ デ ○○
I work at a ○○ company.

IT
informática (f)
インフォルマティカ
IT

コンサルタント
consultoría (f)
コンスルトリーア
consulting

食品
alimentos (m,pl)
アリメントス
food

鉱業
minería (f)
ミネリーア
mining

貿易
comercio exterior (m)
コメルシオ エステリオール
export

金融
finanzas (f,pl)
フィナンサス
finance

建設
construcción (f)
コンストゥルクシオン
construction

使える！ワードバンク 職業編

スポーツ選手　**deportista** (m,f)　デポルティスタ
ミュージシャン　**músico(-ca)**　ムシコ (カ)
デザイナー　**diseñador(-ra)**　ディセニャドール (ラ)
マスコミ　**medios de comunicación** (m,pl)
　　メディオス デ コムニカシオン
マーケティング　**marketing** (m)
　　マルケティング
不動産　**inmobiliaria** (f)　インモビリアリア

自然、動植物とふれあおう

Entremos en contacto con la naturaleza y con los animales
エントレモス エン コンタクト コン ラ ナトゥラレサ イ コン ロス アニマレス
Getting in touch with Nature

明日の天気はどうですか？
¿Cómo está el clima para mañana?
コモ エスタ エル クリーマ パラ マニャーナ
What does tomorrow's weather look like?

さわっても大丈夫ですか？
¿Puedo tocarlo(-la)?
プエド トカール口（ラ）
Can I touch this?

乾期
temporada de sequía (f)
テンポラーダ デ セキーア
dry season

雨期
temporada de lluvia (f)
テンポラーダ デ ジュビア
rainy season

ひとくちコラム
雨期と乾期
雨期（11〜3月）と乾期（4〜10月）があるが、地域により大きく異なる。コスタでは雨期でも殆ど降雨がなく、セルバではまとまった雨が降る。

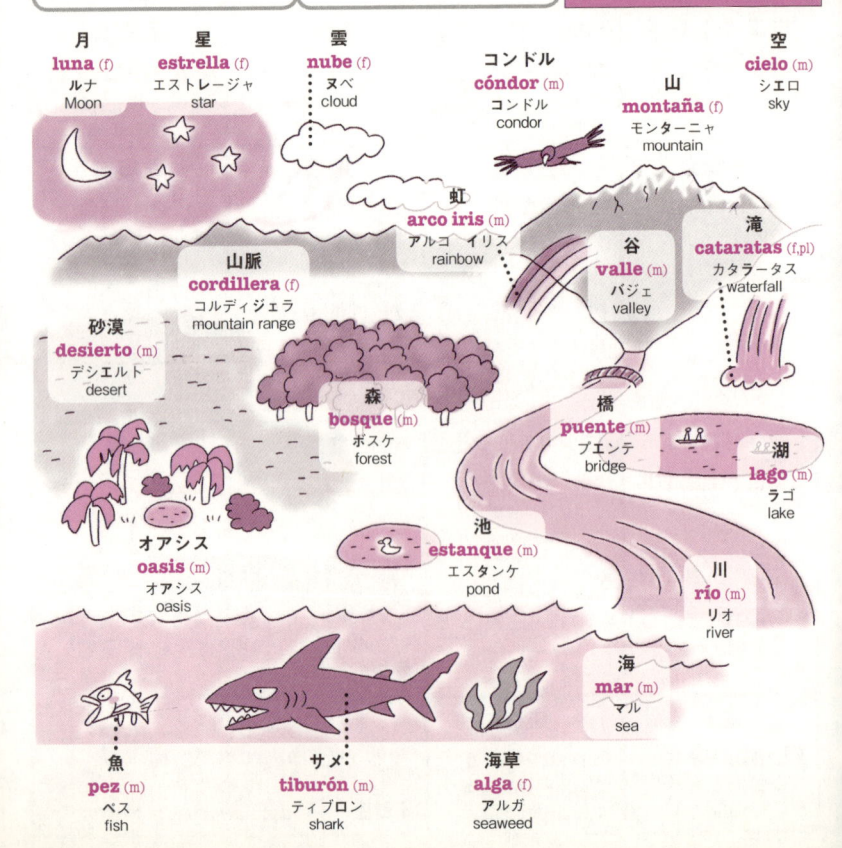

月 **luna** (f) ルナ Moon

星 **estrella** (f) エストレージャ star

雲 **nube** (f) ヌベ cloud

コンドル **cóndor** (m) コンドル condor

空 **cielo** (m) シエロ sky

山 **montaña** (f) モンターニャ mountain

虹 **arco iris** (m) アルコ イリス rainbow

山脈 **cordillera** (f) コルディジェラ mountain range

谷 **valle** (m) バジェ valley

滝 **cataratas** (f,pl) カタラータス waterfall

砂漠 **desierto** (m) デシエルト desert

森 **bosque** (m) ボスケ forest

橋 **puente** (m) プエンテ bridge

湖 **lago** (m) ラゴ lake

オアシス **oasis** (m) オアシス oasis

池 **estanque** (m) エスタンケ pond

川 **río** (m) リオ river

海 **mar** (m) マル sea

魚 **pez** (m) ペス fish

サメ **tiburón** (m) ティブロン shark

海草 **alga** (f) アルガ seaweed

晴れ	雨	曇り	雪
soleado(-da)	**lluvia** (f)	**nublado(-da)**	**nieve** (f)
ソレアード（ダ）	ジュビア	ヌブラード（ダ）	ニエベ
sunny	rain	cloudy	snow

暑い	寒い
calor	**frío(-a)**
カロール	フリーオ（ア）
hot	cold

暖かい	涼しい
templado(-da)	**fresco**
テンプラード（ダ）	フレスコ
warm	cool

使える！ワードバンク 自然編

嵐	**tormenta** (f) トルメンタ
雷	**trueno** (m) トゥルエノ
霧	**niebla** (f) ニエブラ
丘	**cerro** (m) セロ
氷河	**glaciar** (m) グラシアル
ペンギン	**pingüino** (m) ピングイーノ
オタリア	**otario** (m) オタリオ
ウミドリ	**ave marina** (f) アベ マリーナ

実 **fruto** (m) フルート fruit
木 **árbol** (m) アルボル tree
太陽 **sol** (m) ソル Sun
葉 **hoja** (f) オハ leaf
密林 **selva** (f) セルバ jungle
ロバ **burro** (m) ブロ donkey
ビクーニャ **vicuña** (f) ビクーニャ vicuna
ヘビ **culebra** (f) クレブラ snake
草原 **pradera** (f) プラデーラ meadow
馬 **caballo** (m) カバージョ horse
雌牛 ★ **vaca** (f) バカ cow
ウサギ **conejo** (m) コネホ rabbit
畑 **huerto** (m) ウエルト field
リャマ **llama** (f) ジャマ llama
村 **pueblo** (m) プエブロ village
イヌ **perro** (m) ペロ dog
ネコ **gato** (m) ガト cat
クイ **cuy** (m) クイ cuy
アルパカ **alpaca** (f) アルパカ alpaca

★雄牛はtoro（トロ）と言う

訪問しよう

Vamos de visita a una casa
バモス デ ビシータ ア ウナ カサ
Visiting Homes

我が家へ遊びに来ませんか？
¿Le gustaría venir a visitarnos a casa?
レ グスタリーア ベニール ア ビシタールノス ア カサ
Do you want to come over to our house?

ありがとう。伺います
Gracias. Me encantaría.
グラシアス メ エンカンタリーア
Thanks, I'd love to.

残念ですが、先約がありいけません
¡Qué pena! Tengo un compromiso.
ケ ペーナ テンゴ ウン コンプロミソ
Sorry, I have plans.

● 家の外観・断面図

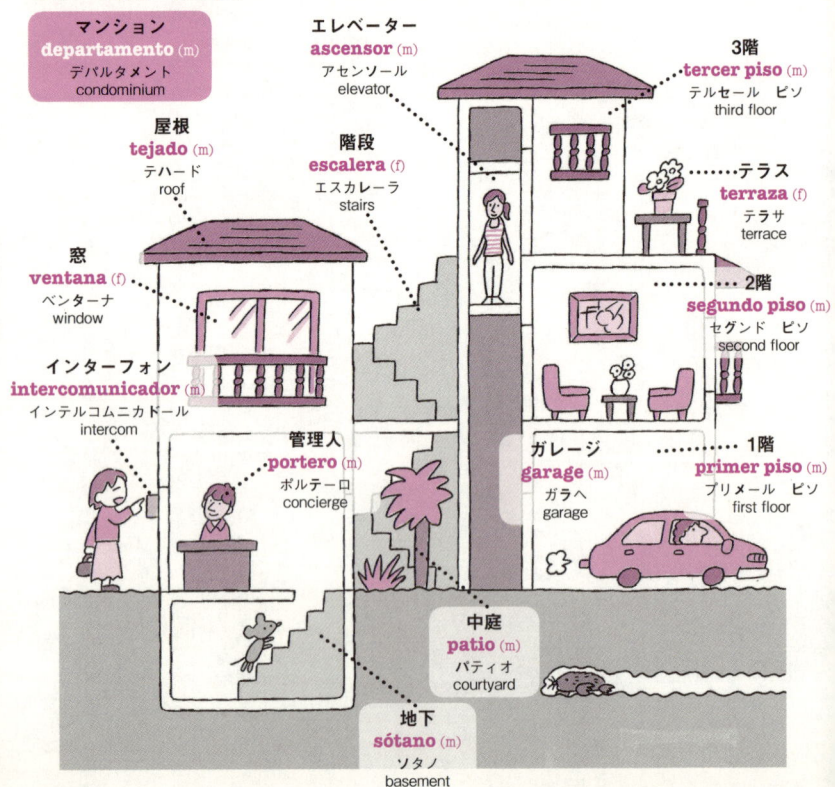

マンション
departamento (m)
デパルタメント
condominium

エレベーター
ascensor (m)
アセンソール
elevator

3階
tercer piso (m)
テルセール ピソ
third floor

屋根
tejado (m)
テハード
roof

階段
escalera (f)
エスカレーラ
stairs

テラス
terraza (f)
テラサ
terrace

窓
ventana (f)
ベンターナ
window

2階
segundo piso (m)
セグンド ピソ
second floor

インターフォン
intercomunicador (m)
インテルコムニカドール
intercom

管理人
portero (m)
ポルテーロ
concierge

ガレージ
garage (m)
ガラヘ
garage

1階
primer piso (m)
プリメール ピソ
first floor

中庭
patio (m)
パティオ
courtyard

地下
sótano (m)
ソタノ
basement

素敵な家ですね
¡Qué bonita la casa!
ケ ボニータ ラ カサ
You have a beautiful home.

くつろいでください
Póngase cómodo(-da).
ポンガセ コモド(ダ)
Make yourself comfortable.

おかわりはいかがですか
¿Desea servirse más?
デセア セルビールセ マス
Would you like some more?

お腹がいっぱいです
Estoy lleno(-na).
エストイ ジェノ(ナ)
I'm full, thank you.

トイレを貸してください
¿Me puede prestar el baño?
メ プエデ プレスタール エル バーニョ
Could I use your washroom?

どうぞこちらです
Pase, aquí es.
パセ アキ エス
It's just this way.

ご招待ありがとうございました。そろそろ失礼します
Gracias por su invitación, pero ya me tengo que ir.
グラシアス ポル ス インビタシオン ペロ ジャ メ テンゴ ケ イール
Thank you for a wonderful time. I should be going.

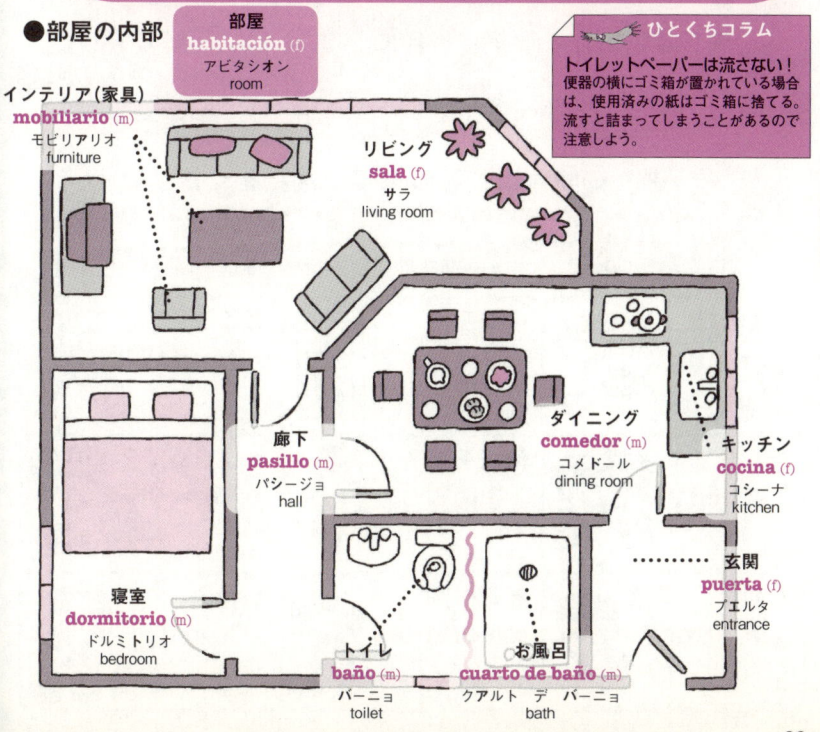

●部屋の内部

部屋
habitación (f)
アビタシオン
room

ひとくちコラム
トイレットペーパーは流さない！便器の横にゴミ箱が置かれている場合は、使用済みの紙はゴミ箱に捨てる。流すと詰まってしまうことがあるので注意しよう。

インテリア(家具)
mobiliario (m)
モビリアリオ
furniture

リビング
sala (f)
サラ
living room

廊下
pasillo (m)
パシージョ
hall

ダイニング
comedor (m)
コメドール
dining room

キッチン
cocina (f)
コシーナ
kitchen

玄関
puerta (f)
プエルタ
entrance

寝室
dormitorio (m)
ドルミトリオ
bedroom

トイレ
baño (m)
バーニョ
toilet

お風呂
cuarto de baño (m)
クアルト デ バーニョ
bath

動詞、疑問詞

Verbos, interrogativos
ベルボス インテロガティーボス
Verbs, Question words

今日、時間がありますか？
よかったら映画に行きましょう
¿Tiene tiempo hoy?
¿Por qué no vamos al cine?
ティエネ ティエンポ オイ
ポル ケ ノ バモス アル シネ
Are you free today?
Do you want to go see a film?

すみませんが、行けません
Lo siento, pero no puedo ir.
ロ シエント ペロ ノ プエド イール
Sorry, I can't go.

いいですよ。いつ、どこで待ち合わせますか？
¡Qué bueno! ¿Cuándo y dónde nos vemos?
ケ ブエノ クアンド イ ドンデ ノス ベモス
Sounds good, when and where do you want to meet?

午後6時に○○カフェで待っています
Nos vemos a las seis de la tarde en la cafetería ○○.
ノス ベモス ア ラス セイス デ ラ タルデ エン ラ カフェテリーア ○○
Let's meet at ○○ café at 6 p.m.

少し時間に遅れるかもしれません
No creo, pero tal vez llegue un poco tarde.
ノ クレオ ペロ タル ベス ジェゲ ウン ポコ タルデ
I might be a bit late.

了解しました
Está bien.
エスタ ビエン
Okay.

遅れる場合は、私の携帯に電話をください
Si se le hace tarde, llámeme al celular, por favor.
シィ セ レ アセ タルデ ジャマメ アル セルラール ポル ファボール
If you're going to be late, call my mobile phone.

いくら？ ¿Cuánto? クアント How much?	**いつ？** ¿Cuándo? クアンド When?	**どこ？** ¿Dónde? ドンデ Where?
だれ？ ¿Quién? キエン Who?	**何（を）？** ¿Qué? ケ What?	**どうやって？** ¿Cómo? コモ How?
なぜ？ ¿Por qué? ポル ケ Why?	**どこへ？** ¿A dónde? ア ドンデ Where to?	**どれ？** ¿Cuál? クアル Which?

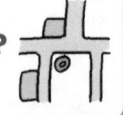

見る	ver	ベール	look
食べる	comer	コメール	eat
泊まる	alojarse	アロハールセ	stay
買う	comprar	コンプラール	buy
乗る	subir/abordar	スビール／アボルダール	ride
座る	sentarse	センタールセ	sit
行く	ir	イール	go
来る	venir	ベニール	come
飲む	beber	ベベール	drink
探す	buscar	ブスカール	look for
選ぶ	elegir	エレヒール	choose
話す	hablar	アブラール	talk
書く	escribir	エスクリビール	write
預ける	encargar	エンカルガール	deposit
尋ねる	preguntar	プレグンタール	ask
確認する	confirmar	コンフィルマール	confirm
両替する	cambiar (el dinero)	カンビアール（エル ディネーロ）	exchange (money)
連絡する	comunicar	コムニカール	contact
出る	salir	サリール	leave
入る	entrar	エントラール	enter
上げる	subir	スビール	raise
下げる	bajar	バハール	lower
押す	empujar	エンプハール	push
引く	jalar	ハラール	pull
歩く	caminar	カミナール	walk
起きる	levantarse	レバンタールセ	wake up
眠る	dormir	ドルミール	sleep
走る	correr	コレール	run
休む	descansar	デスカンサール	rest

使える！ワードバンク 基本フレーズ編

～していただけますか？	¿Podría ～ , por favor?	ポドリーア　ポル　ファボール
～をしたいのですが	Quisiera ～	キシエラ
～してもよろしいですか？	¿Me permite ～ ?	メ ペルミテ
私は～しなくてはなりません	Tengo que ～	テンゴ ケ
（私は）～できますか？	¿Puedo ～ ?	プエド
予約する必要はありますか？	¿Necesito reservar?	ネセシート レセルバール

反意語、感情表現

Antónimos, exclamaciones
アントニモス エクスクラマシオネス
Antonyms, Expressing Emotion

とっても◯◯です
Es muy ◯◯.
エス ムイ ◯◯
It's very ◯◯.

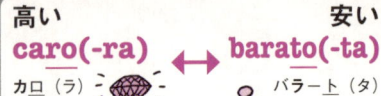

それほど◯◯ではありません
No es tan ◯◯.
ノ エス タン ◯◯
It's not as ◯◯ as that.

高い **caro(-ra)** カロ(ラ) expensive	↔	安い **barato(-ta)** バラート(タ) cheap
熱い **caliente** カリエンテ hot	↔	冷たい **frío(-a)** フリーオ(ア) cold
広い **ancho(-cha)** アンチョ(チャ) wide	↔	狭い **estrecho(-cha)** エストレーチョ(チャ) narrow
明るい **claro(-ra)** クラーロ(ラ) bright	↔	暗い **oscuro(-ra)** オスクーロ(ラ) dark
強い **fuerte** フエルテ strong	↔	弱い **débil** デビル weak
厚い **grueso(-sa)** グルエソ(サ) thick	↔	薄い **fino(-na)** フィーノ(ナ) thin
速い **rápido(-da)** ラピド(ダ) fast	↔	遅い **lento(-ta)** レント(タ) slow

多い **mucho(-cha)** ムーチョ(チャ) many	↔	少ない **poco(-ca)** ポコ(カ) few
暑い **hace calor** アセ カロール hot	↔	寒い **hace frío** アセ フリーオ cold
重い **pesado(-da)** ペサード(ダ) heavy	↔	軽い **ligero(-ra)** リヘーロ(ラ) light
静かだ **silencioso(-sa)** シレンシオーソ(サ) quiet	↔	うるさい **ruidoso(-sa)** ルイドーソ(サ) noisy
高い **alto(-ta)** アルト(タ) tall	↔	低い **bajo(-ja)** バホ(ハ) short
太い **gordo(-da)** ゴルド(ダ) fat	↔	細い **delgado(-da)** デルガード(ダ) thin
長い **largo(-ga)** ラルゴ(ガ) long	↔	短い **corto(-ta)** コルト(タ) short

（物や風景が）美しい
bonito(-ta) / hermoso(-sa)
ボニート（タ）　エルモーソ（サ）
beautiful

（人が）美しい
guapo(-pa)
グアポ（パ）
beautiful

可愛い
simpático(-ca) / bonito(-ta)
シンパティコ（カ）　ボニート（タ）
cute

楽しい
divertido(-da)
ディベルティード（ダ）
fun

面白い
interesante
インテレサンテ
funny

つまらない
aburrido(-da)
アブリード（ダ）
boring

すばらしい
estupendo(-da)
エストゥペンド（ダ）
great

残念な
lamentable
ラメンタブレ
too bad

心地いい
agradable
アグラダブレ
pleasant

今の気分は…
Me siento ○○.
メ　シエント　○○
I feel ○○.

ガッカリした
desilusionado(-da)
デスイルシオナード（ダ）
disappointed

幸せ
feliz
フェリス
happy

疲れた
cansado(-da)
カンサード（ダ）
tired

悲しい
triste
トリステ
sad

嬉しい／満足した
contento(-ta)
コントント（タ）
satisfied

快適な
cómodo(-da)
コモド（ダ）
comfortable

さびしい
solo(-la)
ソロ（ラ）
lonely

新しい
nuevo(-va) ⟷ **viejo(-ja)** 古い
ヌエボ（バ）　　ビエホ（ハ）
new　　　　　old

うっそー！
¡No me digas!
ノ　メ　ディガス
No way!

どうしよう！
¡Y ahora qué hago!
イ　アオラ　ケ　アゴ
What should I do?

遠い
lejano(-na) ⟷ **cercano(-na)** 近い
レハーノ（ナ）　　セルカーノ（ナ）
far　　　　　near

幸運を！
¡Buena suerte!
ブエナ　スエルテ
Good luck!

しまった！
¡Metí la pata!
メティ　ラ　パタ
Oh no!

難しい
difícil ⟷ **fácil** 簡単
ディフィシル　　ファシル
difficult　　　easy

急いで！
¡Apúrate!
アプラテ
Hurry!

すごい！
¡Qué asombroso!
ケ　アソンブロソ
That's great!

体、体調
Cuerpo, condiciones físicas
クエルポ コンディシオネス フィシカス
Body, Condition

○○にケガをしました
***Me lesioné el/la* ○○.**
メ レシオネ エル/ラ ○○
I hurt my ○○.

○○が痛みます
***Tengo dolor de* ○○.**
テンゴ ドロール デ ○○
My ○○ hurts.

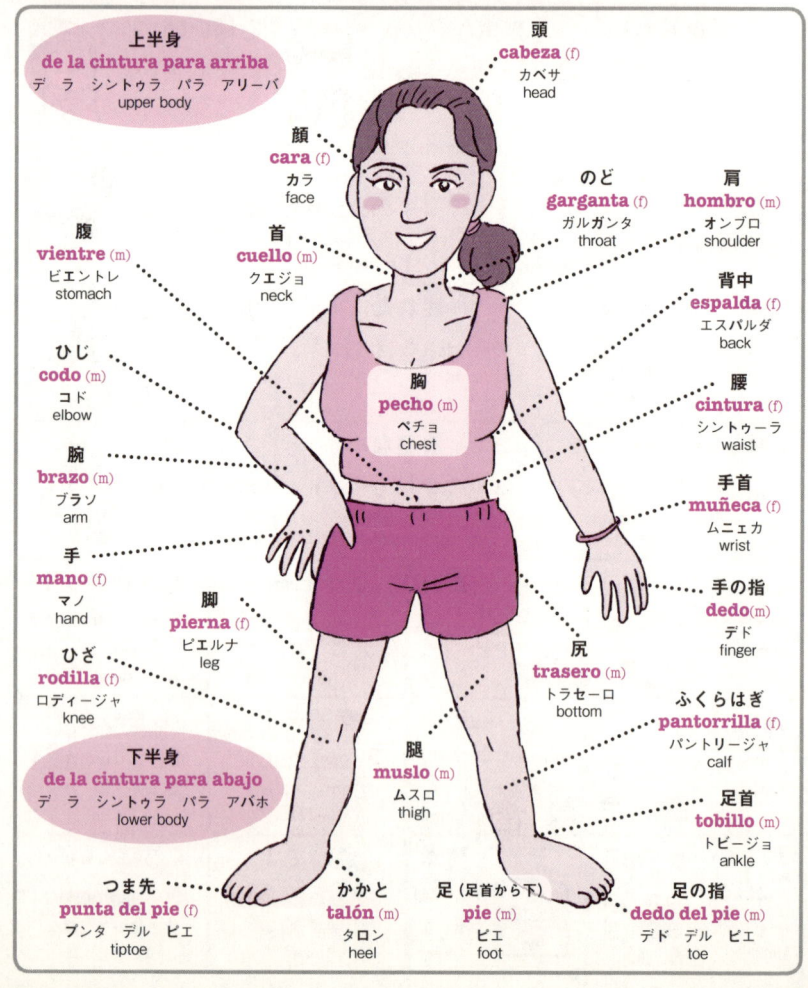

上半身
de la cintura para arriba
デ ラ シントゥラ パラ アリーバ
upper body

頭
cabeza (f)
カベサ
head

顔
cara (f)
カラ
face

のど
garganta (f)
ガルガンタ
throat

肩
hombro (m)
オンブロ
shoulder

腹
vientre (m)
ビエントレ
stomach

首
cuello (m)
クエジョ
neck

背中
espalda (f)
エスパルダ
back

胸
pecho (m)
ペチョ
chest

腰
cintura (f)
シントゥーラ
waist

ひじ
codo (m)
コド
elbow

手首
muñeca (f)
ムニェカ
wrist

腕
brazo (m)
ブラソ
arm

手
mano (f)
マノ
hand

脚
pierna (f)
ピエルナ
leg

手の指
dedo (m)
デド
finger

ひざ
rodilla (f)
ロディージャ
knee

尻
trasero (m)
トラセーロ
bottom

ふくらはぎ
pantorrilla (f)
パントリージャ
calf

下半身
de la cintura para abajo
デ ラ シントゥラ パラ アバホ
lower body

腿
muslo (m)
ムスロ
thigh

足首
tobillo (m)
トビージョ
ankle

つま先
punta del pie (f)
プンタ デル ビエ
tiptoe

かかと
talón (m)
タロン
heel

足（足首から下）
pie (m)
ビエ
foot

足の指
dedo del pie (m)
デド デル ビエ
toe

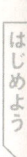

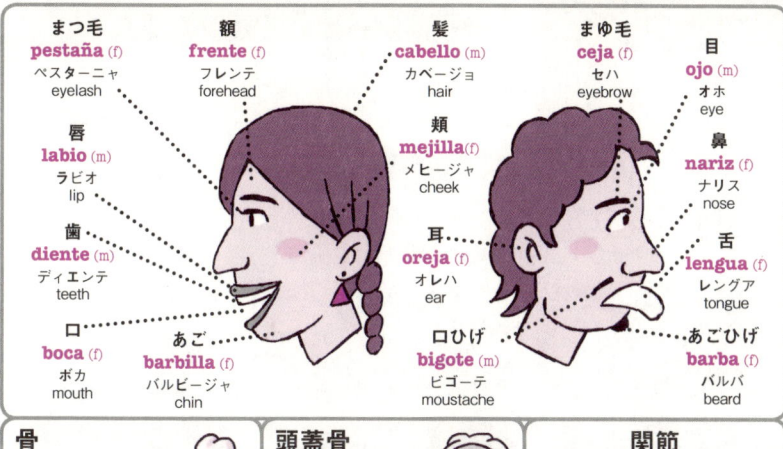

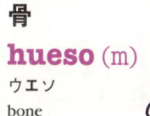

まつ毛	**pestaña** (f)	ペスターニャ	eyelash
額	**frente** (f)	フレンテ	forehead
髪	**cabello** (m)	カベージョ	hair
まゆ毛	**ceja** (f)	セハ	eyebrow
目	**ojo** (m)	オホ	eye
唇	**labio** (m)	ラビオ	lip
頬	**mejilla** (f)	メヒージャ	cheek
鼻	**nariz** (f)	ナリス	nose
歯	**diente** (m)	ディエンテ	teeth
耳	**oreja** (f)	オレハ	ear
舌	**lengua** (f)	レングア	tongue
口	**boca** (f)	ボカ	mouth
あご	**barbilla** (f)	バルビージャ	chin
口ひげ	**bigote** (m)	ビゴーテ	moustache
あごひげ	**barba** (f)	バルバ	beard
骨	**hueso** (m)	ウエソ	bone
頭蓋骨	**cráneo** (m)	クラネオ	skull
関節	**articulación** (f)	アルティクラシオン	joint
へそ	**ombligo** (m)	オンブリーゴ	navel
みぞおち	**boca del estómago** (f)	ボカ デル エストマゴ	sternum
全身	**todo el cuerpo**	トード エル クエルポ	whole body
皮膚	**piel** (f)	ピエル	skin
肛門	**ano** (m)	アノ	anus
性器	**órganos sexuales** (m,pl)	オルガノス セクスアレス	genitals
中指	**dedo medio** (m)	デド メディオ	middle finger
くすり指	**dedo anular** (m)	デド アヌラール	ring finger
人さし指	**dedo índice** (m)	デド インディセ	index finger
小指	**dedo meñique** (m)	デド メニーケ	little finger
親指	**pulgar** (m)	プルガール	thumb
爪	**uña** (f)	ウニャ	nail
左手	**mano izquierda** (f)	マノ イスキエルダ	left hand
右手	**mano derecha** (f)	マノ デレーチャ	right hand

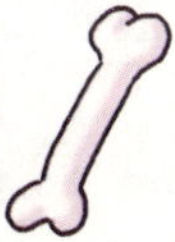

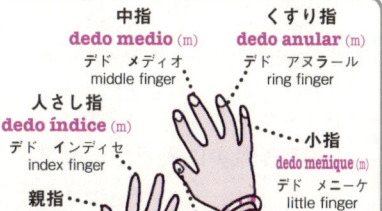

使える！ワードバンク　内臓編

脳	**cerebro** (m)	セレブロ
心臓	**corazón** (m)	コラソン
肺	**pulmón** (m)	プルモン
肝臓	**hígado** (m)	イガド
食道	**esófago** (m)	エソファゴ
胃	**estómago** (m)	エストマゴ
小腸	**intestino delgado** (m)	インテスティーノ デルガード
大腸	**intestino grueso** (m)	インテスティーノ グルエソ
腎臓	**riñón** (m)	リニョン
盲腸	**apéndice** (m)	アペンディセ
血管	**vena** (f)	ベナ
筋肉	**músculo** (m)	ムスクロ

病気、ケガ
Enfermedad, lesiones
エンフェルメダッ レシオネス
Illness, Injury

病院へ連れて行ってください
Llévame al hospital, por favor.
ジェベメ アル オスピタル ポル ファボール
Take me to the hospital, please.

ここが痛いです
Me duele aquí.
メ ドゥエレ アキ
It hurts here.

熱があります
Tengo fiebre.
テンゴ フィエーブレ
I have a fever.

だるいです
Me siento sin fuerza.
メ シエント シン フエルサ
I feel listless.

寒気がします
Tengo escalofríos.
テンゴ エスカロフリーオス
I have chills.

息苦しいです
No puedo respirar bien.
ノ プエド レスピラール ビエン
It's hard to breathe.

吐き気がします
Tengo náuseas.
テンゴ ナウセアス
I feel nauseous.

頭痛	めまい	高山病	マラリア
dolor de cabeza (m)	**mareo** (m)	**soroche** (m)	**malaria** (f)
ドロール デ カベサ	マレオ	ソローチェ	マラリア
headache	vertigo	altitude sickness	malaria

胃腸炎	肺炎	食あたり	
gastroenteritis (f)	**pulmonía** (f)	**intoxicación por alimentos** (f)	
ガストロエンテリティス	プルモニーア	イントクシカシオン ポル アリメントス	
gastroenteritis	pneumonia	food poisoning	

下痢	消化不良	ねんざ	骨折
diarrea (f)	**indigestión** (f)	**torcedura** (f)	**fractura** (f)
ディアレア	インディヘスティオン	トルセドゥーラ	フラクトゥーラ
diarrhea	indigestion	sprain	fracture

私はアレルギー体質です
Soy alérgico(-ca).
ソイ アレルヒコ（カ）
I have allergies.

旅行者保険に入っています
Tengo seguro de viaje.
テンゴ セグーロ デ ビアヘ
I have travel insurance.

妊娠中	糖尿病	高血圧	低血圧
embarazada	**diabetes** (f)	**hipertensión** (f)	**hipotensión** (f)
エンバラサーダ	ディアベテス	イペルテンシオン	イポテンシオン
pregnant	diabetes	high blood pressure	low blood pressure

★デング熱 fiebre del dengue（フィエーブレ デル デング）／ 黄熱病 fiebre amarilla（フィエーブレ アマリージャ）

日本語のできる医者はいますか？
¿Hay algún médico que hable japonés?
アイ アルグン メディコ ケ アブレ ハポネス
Is there a doctor here who can speak Japanese?

どうしましたか？
Veamos, ¿qué tiene?
ベアモス ケ ティエネ
What's wrong?

処方箋を出します
Le doy una receta.
レ ドイ ウナ レセタ
I'll give you a prescription.

お腹を見せてください
Déjeme ver el vientre.
デヘメ ベール エル ビエントレ
Show me your stomach, please.

風邪です
Es resfrío.
エス レスフリーオ
It's a cold.

注射	点滴	湿布	手術
inyección (f)	**suero** (m)	**compresa húmeda** (f)	**operación** (f)
インジェクシオン	スエロ	コンプレサ ウメダ	オペラシオン
injection	IV drip	compress	operation

風邪薬	解熱剤	鎮痛剤	抗生物質
antigripal (m)	**antipirético** (m)	**calmante** (m)	**antibiótico** (m)
アンティグリパル	アンティピレティコ	カルマンテ	アンティビオティコ
cold medicine	antipyretic	painkiller	antibiotic

薬は1日に何回飲むのですか？
¿Cuántas veces al día debo tomar la medicina?
クアンタス ベセス アル ディア デボ トマール ラ メディシーナ
How often do I have to take the medicine?

診断書
certificado médico (m)
セルティフィカード メディコ
medical certificate

一回3錠（1袋）
3 pastillas (una bolsita) cada vez
トレス パスティージャス（ウナ ボルシータ）カダ ベス
Take 3 tablets (1 bag) each time.

食前（食後）
antes (después) de la comida
アンテス（デスプエス）デ ラ コミーダ
before (after) meals

胃薬
medicina para el dolor de estómago
メディシーナ パラ エル ドロール デ エストマゴ
stomach medicine

使える！ワードバンク 病院編

病院	**hospital** (m)	オスピタル
医師	**médico(-ca)**	メディコ (カ)
内科	**medicina interna** (f)	メディシーナ インテルナ
外科	**cirugía** (f)	シルヒーア
整形外科	**cirugía ortopédica** (f)	シルヒーア オルトペディカ
眼科	**oftalmología** (f)	オフタルモロヒーア
歯科	**odontología** (f)	オドントロヒーア
やけど	**quemadura** (f)	ケマドゥーラ
盲腸炎	**apendicitis** (f)	アペンディシティス
レントゲン	**radiografía** (f)	ラディオグラフィーア

★「安静にしてください」はGuarde reposo（グアルデ レポソ）

事故、トラブル

Accidentes, problemas
アクシデンテス プロブレーマス
Accidents, Trouble

○○をなくしました
Perdí ○○.
ペルディ ○○
I lost my ○○.

○○を盗まれたようです
Parece que me han robado ○○.
パレセ ケ メ アン ロバード ○○
My ○○ was stolen.

携帯電話	お金	パスポート
teléfono celular (m)	**dinero** (m)	**pasaporte** (m)
テレフォノ セルラール	ディネーロ	パサポルテ
cell phone	money	passport

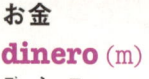

財布	カメラ	クレジットカード
billetera (f)	**cámara** (f)	**tarjeta de crédito** (f)
ビジュテラ	カマラ	タルヘータ デ クレディト
wallet	camera	credit card

航空券	バッグ	スーツケース
boleto de avión (m)	**bolso** (m)	**maleta** (f)
ボレート デ アビオン	ボルソ	マレータ
plane ticket	bag	suitcase

警察（救急車／医者）を呼んでください
Llame a la policía (ambulancia/ al médico), por favor.
ジャメ ア ラ ポリシーア （アンブランシア／アル メディコ） ポル ファボール
Please call the police (ambulance/doctor).

盗難（事故）証明書を作ってください
Quiero hacer una denuncia por robo (accidente), por favor.
キエロ アセール ウナ デヌンシア ポル ロボ （アクシデンテ） ポル ファボール
Please write out a theft report (an incident report) for me.

日本語のわかる人はいませんか？
¿Hay alguien que entienda japonés?
アイ アルギエン ケ エンティエンダ ハポネス
Is there anyone here who speaks Japanese?

日本大使館（総領事館）に連絡したいのですが
Quiero llamar a la embajada (al consulado) de Japón.
キエロ ジャマール ア ラ エンバハーダ （アル コンスラード） デ ハポン
I'd like to contact the Japanese embassy (consulate).

交通渋滞	交通事故	すり
tráfico vial (m)	**accidente de tránsito** (m)	**asalto** (m)
トラフィコ ビアル	アクシデンテ デ トランシト	アサルト
traffic jam	traffic accident	pickpocket

ひったくり	ドロボウ	偽札
arrebato del bolso (m)	**ladrón** (m)	**billete falso** (m)
アレバート デル ボルソ	ラドロン	ビジェーテ ファルソ
purse-snatcher	thief	counterfeit money

火事	ハリケーン	誘拐
incendio (m)	**huracán** (m)	**secuestro** (m)
インセンディオ	ウラカン	セクエストロ
fire	hurricane	abduction

洪水	土砂崩れ	地震
inundación (f)	**derrumbamiento** (m)	**terremoto** (m)
イヌンダシオン	デルンバミエント	テレモート
flood	landslide	earthquake

首を絞められました ★
Me agarraron del cuello.
メ アガラロン デル クエージョ
I was choked.

車にはねられました
Me ha atropellado un auto.
メ ア アトロペジャード ウン アウト
I was hit by a car.

私は悪くありません
No ha sido mi culpa.
ノ ア シード ミ クルパ
I did nothing wrong.

携帯電話を貸してください
¿Podría prestarme su teléfono celular?
ポドリーア プレスタールメ ス テレフォノ セルラール
Can I borrow your cell phone?

緊急フレーズ

助けて！	危ない！	やめろ！
¡Socorro!	**¡Cuidado!**	**¡Basta!**
ソコーロ	クイダード	バスタ
Help!	Watch out!	Stop it!

離せ！	強盗！	つかまえて！
¡Suéltame!	**¡Ratero!**	**¡Deténganlo(-la)!**
スエルタメ	ラテーロ	デテンガンロ（ラ）
Let me go!	Thief!	Get them!

開けて！	出て行け！	弁償してください
¡Abre!	**¡Fuera!**	**Quiero que me lo pague.**
アブレ	フエラ	キエロ ケ メ ロ パゲ
Open up!	Get away!	I want compensation.

★首絞め強盗も多く報告されているので注意しよう

column ～「ペルースペイン語」マスターへの道～

ペルースペイン語の世界

　16世紀、スペイン人とともに中南米にやって来たスペイン語は、ペルーの文化や習慣に沿って独自に発展し、スペインとはだいぶ異なるスペイン語になってきた。ペルーのスペイン語は発音がクリアだ。特にリマはスペイン植民支配の中心地だったからか、初心者にも聞きとりやすいといわれる。一般的にスペインのスペイン語はイントネーションがあまりなく、ストレートな印象だが、ペルーのスペイン語はソフトで甘い。じっと眼を見つめて優しく話しかけられたら、あなたも恋に落ちてしまうかもしれない。

3つのパパ!?

　スペインとペルーでは、単語も少々異なる。例えばアボカドはスペインではaguacate（アグアカテ）だが、ペルーではpalta（パルタ）。グレープフルーツpomelo（ポメロ）はtoronja（トロンハ）、ジュースzumo（スモ）はjugo（フゴ）と、挙げていったらキリがない。特にジャガイモは、スペインではpatata（パタータ）だが、ペルーではpapa（パパ）と呼ばれる。このパパが曲者。というのも、ジャガイモのほかにあと2つの意味があるからだ。ジャガイモと同じように最初のパを強く読むとPapa→「ローマ法王」。そして、二番目のパにアクセントがつくとpapá→「お父さん」の意味だ。「パパ、アイス買って！」「パパを5kg下さい」「パパのスピーチ、聞いた？」。ペルーでは3種の「パパ」を聞き分けよう。

プェッ、プェッ、ペッ

　楽しげに話すペルー人の会話から、やたらと聞こえてくるのが「プェッ」。これはpues（プェス）という単語で、理由を述べる際や「それで」、「えーと」など幅広く使われる接続詞だ。スペインではフレーズや会話の最後につけることはあまりない。

　しかしペルーでは、言葉の終わりによくつけられる。「Sí, pues（シィ、プェス）」は「そうなんですよ～」のようなニュアンス。だが、Sを飲み込んでしまうことの多いペルーでは、これがpue（プェッ）になり、しまいにはpe（ペッ）となる。誰かに向って両手を広げて、うんざりしたように「¡No, peeeee!」（ノ・ベェー）と言っている人がいたら、それは「なんだよ、もう勘弁してよぉ～！」と訴えているのだ。

損するバイオリニスト

　ペルーには、もとの意味から転じてまったく別の意味になった語も多い。例えばatorrante（アトランテ）はホームレスだが、転じて「しつこい人」。しつこくつきまとうホームレスからきたらしい。18世紀イタリアの名バイオリニストPaganini（パガニーニ）は、「皆で食事や飲みに出かけると、なぜか必ず自分が支払うハメになってしまう人」の意味で使われる。pagar（パガール＝支払う）と似た名前の悲運である。

　国による細かな違いが難しいスペイン語だが、その土地の言い方を覚えれば、旅の楽しみも倍増する。混沌としてはいるがエネルギーにあふれたペルーで、一杯飲んだらこう呟こう。

　「Este trago está paja（この"グィットーロ"は、ワラのようだ）」＝「この酒は最高だ」。

私の国を紹介します

日本の紹介

日本の地理	112
日本の一年	114
日本の文化	116
日本の家族	118
日本の料理	120
日本の生活	122
〈コラム〉ペルー人との付き合い方	124

日本の地理

Geografía de Japón
Geography of Japan

日本列島は4つの大きな島(北海道、本州、四国、九州)と大小約7000もの島々から成り立っている。

El archipiélago japonés está formado por cuatro grandes islas (Hokkaido, Honshu, Shikoku y Kyushu) y otras muchas islas e islotes, hasta un total de cerca de 7.000.

> 私は〇〇で生まれました
> *Nací en 〇〇.*
> ナシ エン
> I was born in 〇〇.

日本の山 高さベスト3　Las tres montañas más altas de Japón

1	富士山	3,776m	Monte Fuji (3.776 metros)
2	北岳	3,192m	Monte Kitadake (3.192 metros)
3	奥穂高岳	3,190m	Monte Okuhotakadake (3.190 metros)

三名城　Los tres castillos más famosos de Jap

姫路城（兵庫）	Castillo de Himeji (Hyogo)
松本城（長野）	Castillo de Matsumoto (Nagano)
熊本城（熊本）	Castillo de Kumamoto (Kumamoto

日本三景　Los tres paisajes más pintorescos de Japón

天橋立（京都）	Amanohashidate (Kioto)
厳島神社（広島）	Santuario sintoísta de Itsukushima (Hiroshima)
松島（宮城）	Matsushima (Miyagi)

中国 Chugoku
滋賀 Shiga
石川 Ishikawa
京都 Kioto
福井 Fukui
島根 Shimane
鳥取 Tottori
岐阜 Gifu
佐賀 Saga
山口 Yamaguchi
岡山 Okayama
九州 Kyushu
福岡 Fukuoka
広島 Hiroshima
兵庫 Hyogo
長崎 Nagasaki
大分 Oita
愛媛 Ehime
香川 Kagawa
大阪 Osaka
沖縄 Okinawa
熊本 Kumamoto
徳島 Tokushima
愛知 Aichi
鹿児島 Kagoshima
宮崎 Miyazaki
高知 Kochi
四国 Shikoku
和歌山 Wakayama
三重 Mie
近畿 Kinki
奈良 Nara

★（日本には）温泉がたくさんあります＝ (En Japón) hay muchas fuentes termales.

私の国を紹介します
Voy a presentar mi país.

北海道
Hokkaido

青森
Aomori

東北
Tohoku

秋田
Akita

岩手
Iwate

富山
Toyama

山形
Yamagata

宮城
Miyagi

新潟
Niigata

福島
Fukushima

群馬
Gunma

栃木
Tochigi

茨城
Ibaraki

長野
Nagano

山梨
Yamanashi

埼玉
Saitama

千葉
Chiba

東京
Tokio

神奈川
Kanagawa

静岡
Shizuoka

関東
Kanto

中部
Chubu

[世界遺産] Patrimonio de la Humanidad

日本にあるユネスコの世界遺産は、2010年1月現在、14物件あります。
Hay en Japón 14 sitios designados como Patrimonio de la Humanidad por la UNESCO (hasta enero de 2010)

●知床（北海道、2005／自）Shiretoko

●白神山地（青森、秋田、1993／自）Shirakami-Sanchi

●日光の社寺（栃木、1999／文）
Santuarios y templos de Nikko

●白川郷・五箇山の合掌造り集落（岐阜、1995／文）
Poblados históricos de Shirakawa-go y Gokayama

●古都京都の文化財（京都市、宇治市、大津市、1994／文）
Monumentos históricos de la antigua Kioto (ciudades de Kioto, Uji y Otsu)

●古都奈良の文化財（奈良、1998／文）
Monumentos históricos de la antigua Nara

●法隆寺地域の仏教建造物（奈良、1993／文）
Monumentos budistas en el área de Horyu-ji

●紀伊山地の霊場と参詣道（三重、奈良、和歌山、2004／文）
Sitios sagrados y rutas de peregrinación en los Montes Kii

●姫路城（兵庫、1993／文）Castillo de Himeji

●広島の平和記念碑＜原爆ドーム＞（広島、1996／文）
Memorial de la Paz en Hiroshima (Cúpula de Genbaku)

●厳島神社（広島、1996／文）
Santuario sintoísta de Itsukushima

●石見銀山遺跡とその文化的景観（島根、2007／文）
Minas de plata de Iwami Ginzan y su paisaje cultural

●屋久島（鹿児島、1993／自）Yakushima

●琉球王国のグスク及び関連遺跡群（沖縄、2000／文）
Sitios Gusuku y bienes asociados del Reino de Ryukyu

※（ ）内は所在地、登録年、文＝文化遺産、自＝自然遺産

★〇〇を知っていますか？＝¿Sabe 〇〇?

日本の一年

Calendario anual de Japón

A year of Japan

日本には4つの季節"四季(Shiki)"があり、それぞれの季節とその移り変わりを楽しむ行事がある。

En Japón hay cuatro estaciones. Cada estación tiene sus fiestas tradicionales que marcan el cambio para cada una.

日本は、今○○の季節です
Ahora en Japón es ○○.
アオラ エン ハポン エス ○○
It is now ○○ in Japan.

[七夕(7月7日)]
Tanabata (7 de julio)

中国の伝説から始まった行事。折り紙や色紙で笹を飾り付け、家の庭などにたてる風習が残っている。また、願いごとを書いた紙を笹に飾ると願いが叶う、といわれている。

Es una fiesta basada en una leyenda china. En los jardines de las casas se ponen ramas de bambús enanos decoradas con origami y papeles de colores. Según la tradición, si escribe un deseo en los papelitos de colores su sueño se cumplirá.

[端午の節句(5月5日)]
Tango no sekku (5 de mayo)

男児の健やかな成長と幸せを願う祝日。男児がいる家庭では、鯉のぼりを揚げ、武者人形や鎧兜を飾る。

Es feriado nacional. Este día se desea felicidad a los niños varones para que crezcan sanos y fuertes. Los hogares con niños varones son adornados con figuras de guerreros, armaduras y cascos dentro de casa. Y por fuera se colocan banderas en forma de pez carpa.

[花見] Hanami

桜の満開時期になると、職場仲間や友人、家族で公園などに出かけ、桜の木の下で食事をしたり、酒を飲んだりする。

Cuando el cerezo está en plena floración la gente se reúne con sus compañeros de trabajo, amigos o familiares en los parques para observar las flores mientras se come y bebe bajo la sombra.

8月 agosto
7月 julio
6月 junio
5月 mayo
4月 abril
3月 marzo

夏 verano
春 primavera

[ひな祭り(3月3日)]
Hinamatsuri (3 de marzo)

女児の健やかな成長と幸運を願う事。ひな人形を飾り、桃の花や白ひし餅、ひなあられを供える。

Fiesta que expresa el deseo de que las niñas crezcan sanas y sean felices. Se colocan las muñecas llamadas "hina ningyo" y otros adornos tradicionales: flores del melocotonero, sake (vino de arroz) blanco y los dulces "hishimochi" e "hinaarare".

★季節ごとに、昔から多くの行事があります = Desde la antigüedad, cada estación tiene sus fiestas y tradiciones.

私の国を紹介します
Voy a presentar mi país.

[盆] Fiesta de Bon

7月13～15日、または8月13～15日に帰ってくる祖先の霊を迎えて慰めるため、さまざまな行事を行う。都会に住む人も故郷に帰って、墓に花を供えるなどして祖先の霊を供養する。

Entre el 13 y el 15 de julio, o entre el 13 y el 15 de agosto, retornan las almas de los muertos y se hacen diversas ceremonias para reconfortarlas. Quienes viven lejos de su lugar natal vuelven allí y llevan flores a las tumbas de sus familiares muertos.

[月見(9月中旬)]

Tsukimi (mediados de septiembre)

月を鑑賞する行事を月見という。9月中旬頃の満月を特に「十五夜」とよび、月見だんごや果物、秋の七草を供える。

El "tsukimi" es la costumbre de salir a contemplar la luna. La luna llena de mediados de septiembre se llama "jugoya". Se ofrendan pastelitos de harina de arroz (tsukimi-dango), frutas y adorno con siete tipos de plantas de otoño.

[クリスマス(12月25日)]

Christmas (25 de diciembre, Navidad)

日本ではクリスマスは宗教色が薄く、家族や友人、恋人達が絆を確かめあう行事であることが多い。

En Japón la Navidad no tiene un gran sentido religioso, sino que es más bien una oportunidad para fortalecer los lazos familiares, la amistad o el noviazgo.

[大晦日(12月31日)]

Omisoka (31 de diciembre, Nochevieja)

大晦日の夜には、家族揃ってテレビで歌番組を見てすごす。また、家族揃ってそばを食べることによって、健康と長寿を願う。

La noche del 31 de diciembre la familia suele reunirse ante el televisor y ver un popular concurso de canciones. También se comen en familia los fideos de alforfón (trigo negro) llamados "soba", cuya longitud simboliza la salud y la longevidad.

9月 septiembre
10月 octubre
11月 noviembre
12月 diciembre
1月 enero
2月 febrero

秋 otoño
冬 invierno

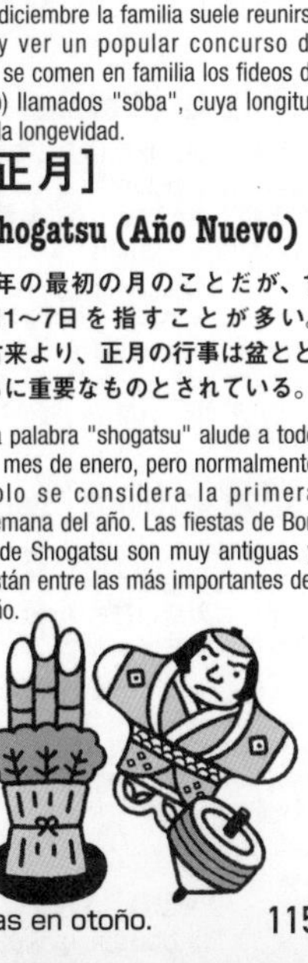

[節分(2月3日)]

Setsubun (3 de febrero)

「鬼は外」「福は内」とかけ声をかけながら、鬼役の人に向かってマメを投げる。邪悪なものや不幸を家の外に追い払い、福を呼び込む意味がある。

Se grita "Oni wa soto!" (¡fuera los demonios!) "fuku wa uchi!" (¡que entre la felicidad!) y se arrojan granos (frejol) a personas disfrazadas de "oni" (demonio, ogro). Se recoge así el deseo de alejar de la casa el mal o las desgracias, y abrir las puertas a la felicidad.

[バレンタインデー(2月14日)]

Barentain (14 de febrero, San Valentín)

女性から男性にチョコレートを贈るのが一般的。贈り物をもらった男性は3月14日のホワイトデーにお返しをする。

Por lo general las chicas regalan chocolate a los chicos. Éstos tienen la oportunidad de devolver el detalle el día 14 de marzo (White Day).

[正月]

Shogatsu (Año Nuevo)

1年の最初の月のことだが、1月1～7日を指すことが多い。古来より、正月の行事は盆とともに重要なものとされている。

La palabra "shogatsu" alude a todo el mes de enero, pero normalmente solo se considera la primera semana del año. Las fiestas de Bon y de Shogatsu son muy antiguas y están entre las más importantes del año.

★秋は紅葉が美しいです= Las hojas de los arces se ponen muy bonitas en otoño.

日本の文化

Cultura de Japón

Japanese culture

○○を知ってますか？
¿Sabe ○○?
サベ
Do yo know ○○?

[着物] Kimono

着物は和服ともよばれる日本の伝統的衣服。江戸時代までは日常着だった。洋服が普及してからは礼服として冠婚葬祭や茶道の席で着ることが多い。

El kimono o "wafuku" es el vestido tradicional de Japón. Se usó a diario hasta el fin de la Era Edo. Al introducirse la ropa occidental, el kimono ha pasado a usarse como traje de etiqueta, en ocasiones sociales como bodas o funerales y en la ceremonia del té.

[盆栽] Bonsái

盆栽は、鉢に植えた小さな木を自然界にあるような大木の形に整え、その姿を楽しむ植物の芸術作品。木の姿だけでなく、鉢も鑑賞の対象となる。

El bonsái es un arte de jardinería consistente en cultivar en macetas pequeños arbolitos y modelarlos para que su forma sea igual a la de los árboles en estado natural. Las macetas son también importantes y muy valoradas.

[生け花] Ikebana

生け花は草花や花を切り取り、水を入れた花器に挿して鑑賞する日本独特の芸術。もとは仏前に花を供えるところから始まったが、室町時代（14〜16世紀）には立花として流行し、江戸時代になると茶の湯とともに一般に普及した。

El ikebana es una tradición japonesa consistente en cortar ramas y flores, y colocarlas en jarrones con agua. Su origen está en las ofrendas florales que se hacían en los altares budistas. En la Era Muromachi (siglos XIV-XVI) estuvo de moda la corriente "rikka" o "tatebana", precedente del "ikebana", y en la Era Edo éste se expandió por todas las capas sociales junto a la ceremonia del té.

[浮世絵] Ukiyoe

浮世絵は江戸時代に発達した風俗画。15〜16世紀には肉筆の作品が中心だったが、17世紀後半、木版画の手法が確立され、大量生産が可能になると、庶民の間に急速に普及した。

El "ukiyoe" es una pintura de género que se desarrolló durante la Era Edo. Al principio eran obras originales, pero la introducción de nuevas técnicas de litografía en la segunda mitad del siglo XVII posibilitó la producción en serie y el "ukiyoe" se extendió rápidamente entre las clases populares.

[短歌と俳句] Tanka y haiku

短歌は日本独特の和歌の一形式で、五七五七七の五句31音で構成される。俳句は五七五の三句17音の詩。この短い形式の中に美しい言葉で季節や自分の気持ちを詠み込む。

El "tanka" es un tipo de poema japonés de 31 sílabas dispuestas en cinco versos de 5, 7, 5, 7 y 7 sílabas. El haiku es un poema de 17 sílabas en tres versos de 5, 7 y 5. En estos cortos poemas se canta a la belleza de la naturaleza y se expresan los sentimientos.

[茶の湯] Ceremonia del té

茶の湯は、16世紀ごろ千利休が大成した。彼は禅の精神を取り入れ、簡素と静寂を旨とする日本独特の「わび」の心を重んじた。さどう、ちゃどうともよばれる。

La ceremonia del té se debe en gran parte a Sen no Rikyu, que fue quien introdujo en esta costumbre el espíritu del budismo zen. Rikyu concedió especial valor al "wabi", un concepto muy japonés que reúne sencillez y quietud estéticas.

★盆栽、生け花、茶の湯などは趣味で習う人も多い= Muchas personas practican el bonsái, el ikebana y la ceremonia del té como aficiones.

[歌舞伎] El kabuki

江戸時代に生まれた日本独特の演劇芸術。1603年、出雲大社の巫女だった女性たちによって京都で興行されたのが始まりといわれている。風紀を乱すということから禁止されたが、その後、徳川幕府により成人男子が真面目な芝居をすることを条件に野郎歌舞伎が許された。現在の歌舞伎は男性のみで演じられる。★

El "kabuki" es un arte escénico propio de Japón que nació en la Era Edo. Se dice que su origen está en las representaciones que hicieron en Kioto, en 1603, unas "miko" o sacerdotisas del santuario sintoísta de Izumo. Durante algún tiempo fue prohibido por corromper la moral pública pero luego el gobierno de los Tokugawa lo permitió con la condición de que los actores fuesen todos hombres y la temática seria. El kabuki actual sigue siendo interpretado íntegramente por hombres.

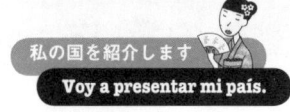

私の国を紹介します
Voy a presentar mi país.

[相撲] Sumo

日本の伝統的なスポーツのひとつ。土俵とよばれる丸いリングの中で2人が組み合い、相手を土俵の外に出すか、地面に倒した方が勝ち。古くから相撲は神の意志を占う役割があったが、8世紀ごろの、天皇に見せる節会相撲が始まり。現在は日本の国技として人気を集め、外国人力士も増加中。

Es uno de los deportes tradicionales de Japón. En un ring circular llamado "dohyo" se baten dos luchadores. Gana el que logra echar al contrincante del dohyo o tumbarlo. Desde épocas remotas se entendió como un arte adivinatoria para conocer la voluntad divina, pero el origen del sumo moderno se remonta a las exhibiciones ante el emperador del siglo VIII (sechie sumo). Hoy en día el sumo es el deporte nacional de Japón y goza de gran popularidad, incluyendo entre sus luchadores a un creciente número de extranjeros.

[柔道] El judo

日本に古くからあった柔術という格闘技を、19世紀に嘉納治五郎がスポーツとして改良したもの。体と精神の両方を鍛えることを目的としている。

El judo es el viejo "jujutsu", un arte marcial que existía en Japón desde hacía siglos, convertido en deporte en el siglo XIX por Jigoro Kano. El judo pretende ejercitar tanto el cuerpo como el espíritu.

[剣道] El kendo

剣を使って心身を鍛える道。武士の時代には相手を倒すための武術だったが、現在では面、胴、小手などの防具をつけ、竹刀で相手と打ち合う。

Es una disciplina orientada a ejercitar el alma y el cuerpo mediante el uso de la espada. En la época de los "bushi" era una técnica para derrotar al adversario, pero hoy en día se practica con careta, peto y protección de brazos. La espada es de bambú.

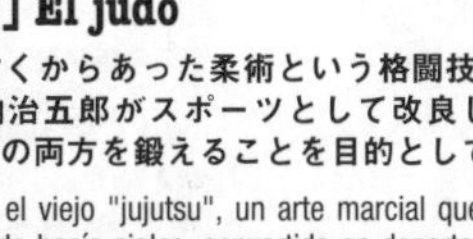

[文楽] Bunraku

日本の伝統的な人形芝居、人形浄瑠璃（義太夫節）という独特の歌謡に合わせて演じられる。人形浄瑠璃が成立したのは1600年前後といわれ、主に大阪を中心に発展してきた。★

Es un teatro de títeres tradicional de Japón, que se representa al son de las baladas japonesas del género "ningyo joruri" (gitayubushi). Se considera que el "ningyo joruri" nació en torno al año 1600 y que se expandió desde Osaka.

[能・狂言] Noh y kyogen

室町時代初期（14世紀）に出来上がった歌舞劇で、二人から数人で、華麗な衣装と仮面をつけて演じる古典芸能。狂言は、ユーモアにあふれたセリフ主体の劇である。

El Noh, género teatral de canto y danza que data de principios de la Era Muromachi (siglo XIV), es un espectáculo clásico en el que dos o más personas muestran elegantes vestimentas y máscaras. El "kyogen" es una forma teatral centrada en torno a una narración humorística.

★歌舞伎、能楽、人形浄瑠璃は、ユネスコの無形文化財に登録されている＝ Tanto el "kabuki", como el "no-gaku" y el "ningyo joruri" están registrados por la UNESCO como patrimonio cultural intangible.

117

日本の家族
La familia en Japón
Japanese family

生を受け、その生涯を終えるまでに、自分の家族の幸せや長寿を願い、さまざまな行事が行われる。

Entre el nacimiento y el fin de la vida, hay muchas ocasiones para desear felicidad a la familia y larga vida a sus miembros.

誕生日おめでとう！
¡Feliz cumpleaños!
フェリス　クンプレアーニョス
Happy birthday to you !

ありがとう！
¡Gracias!
グラシアス
Thank you!

[結婚式] Boda
決まった宗教を持たない人が多い日本では、結婚式の形式も特定の宗教に捕われないことが多い。古来より神前結婚式が多数を占めていたが、最近はキリスト教式の結婚式を選ぶ人も多い。

En Japón, donde mucha gente no profesa ninguna religión en particular, tampoco las ceremonias de bodas se celebran siguiendo un único rito. Hasta ahora la mayoría de la gente se casaba por el rito sintoísta, pero hoy en día son muchos los que eligen una boda cristiana.

男性25、42、61歳
女性19、33、37歳 ※3

男性32.0歳、女性29.6歳
（平均婚姻年齢）※1

[還暦] Kanreki
一定の年齢に達した高齢者に対し、長寿のお祝いをする。例えば、数え年での61歳を還暦といい、家族が赤い頭巾やちゃんちゃんこを贈る風習がある。

A las personas mayores que han cumplido una determinada edad se les hace una fiesta para desearles larga vida. Por ejemplo, el 60 cumpleaños (61, según el sistema "kazoedoshi") se llama Kanreki y quienes cumplen esa edad reciben de su familia una capucha roja o un "chanchanko" (chaleco mullido).

60歳

[厄年] Yakudoshi
厄年とは病気や事故、身内の不幸といった災いが降りかかりやすい年齢のこと。社寺に参って、厄払いの祈願をすることが多い。

Los años llamados "yakudoshi" son aquellas edades en las que se considera que puede sobrevenir el infortunio: enfermedad, accidentes, desgracias familiares, etc. Generalmente se acude al santuario sintoísta para expresar el deseo de quedar libre de tales desgracias.

男性79歳、女性85.8歳
（平均寿命）※2

[葬式] Funeral
日頃あまり宗教的ではない日本人も、葬式においては多分に宗教的である。そのほとんどが仏教式だ。

Aunque en su vida diaria no son muy religiosos, los japoneses acuden a la religión a la hora de hacer un funeral. Casi siempre se elige un funeral budista.

[法要] Hoyo
葬式が終わったあとも、死者が往生して極楽（キリスト教における天国）に行けるよう、生きている人が供養を行う。初七日、四十九日、一周忌が特に重要とされている。

Después del funeral, los vivos realizan ceremonias para que los muertos puedan llegar a Gokuraku, equivalente al Paraíso cristiano. Las ceremonias más importantes son las que se oficia a los siete, a los 49 días y al año de la muerte.

※1、2　2006年　厚生労働省人口動態統計に拠る

私の国を紹介します
Voy a presentar mi país.

[帯祝い] Obi Iwai
妊娠して5カ月目の、干支でいう戌の日に、妊婦の実家が腹帯を贈る行事。戌の日に行うのは多産な犬にあやかり、安産を祈ることに由来する。

Durante el quinto mes de embarazo, el día que según el horóscopo chino corresponde al Perro, la mujer encinta recibe de su familia una especie de faja para el abdomen. El día elegido es el del Perro porque se considera que este animal es muy prolífico y se desea para la mujer la misma fecundidad.

[お宮参り] Omiyamairi
赤ちゃんの誕生を祝い、元気な成長を願って、男の子は生後30日目、女の子は生後33日目に住んでいる土地の神社にお参りする。

Para celebrar el nacimiento del bebé y desearle que crezca sano, se le conduce al santuario sintoísta del barrio donde ha nacido. Los niños varones se llevan a los 30 días y las niñas a los 33.

誕生前 ▶▶▶ 生後30〜33日 ▶▶▶ 3歳 ▽ 5歳 ▽ 7歳

[七五三] Shichi-go-san
子供の健やかな成長を願って、男の子は3歳と5歳、女の子は3歳と7歳のときに神社にお参りをする。

A los niños también se les desea que crezcan fuertes y sanos llevándoles un día al santuario sintoísta. Acuden los niños varones de 3 y 5 años y las niñas de 3 y 7.

20歳	18歳〜	16〜18歳	6〜15歳
	大学／専門学校	高等学校	小〜中学校

[成人の日] Seijin no Hi
満20歳になった人を成人として認める儀式。1月の第2月曜日に、各地の自治体では記念の式典が行われる。満20歳になると選挙権が得られる。また、飲酒、喫煙も許される。

Es una fiesta en la que se les reconoce la mayoría de edad a quienes han cumplido 20 años. El segundo domingo de enero los gobiernos locales organizan las ceremonias conmemorativas. Al cumplir los 20 años se adquiere el derecho al voto, a beber alcohol y a fumar.

[進学] Shingaku
幼稚園、小学校、中学校、高校、大学を経て就職するまで、子供の教育に必死になる親は多い。

Muchos padres hacen un seguimiento exhaustivo del progreso escolar de sus hijos: jardín de infancia, primaria, secundaria obligatoria, bachillerato y universidad, hasta que se colocan en alguna empresa.

現代家族の形態

[核家族] Familia nuclear
日本で主流になっている家族形態。かつては若年層世帯の多い都市部に多かったが、現在では過疎化の進む地方でも目立つ。

Es la unidad familiar más abundante en Japón. Antes predominaba en las áreas urbanas, donde viven muchos matrimonios jóvenes, pero hoy en día la familia nuclear es normal incluso en áreas rurales despobladas.

[共働き] Matrimonios donde ambos cónyuges trabajan
結婚をしても、夫と妻の双方が仕事を続ける場合が多く、その場合子供を持たない夫婦をDINKSとよぶ。

Es muy normal que después del matrimonio tanto el marido como la mujer sigan trabajando. Las parejas en ese caso que no tienen hijos se llaman DINKs (Double Income, No Kids).

[パラサイトシングル] Solteros parásitos
一定の収入があっても独立せず、結婚適齢期を過ぎても親と同居し続ける独身者のことをいう。

Son los solteros que pese a tener un cierto nivel de ingresos no se independizan y pese a haber llegado a la "edad núbil" no se casan.

※3　厄年は数え年（満年齢に1足す）であらわされる

日本の料理

Cocina japonesa

Japanese cuisine

現代の日本では、あらゆる国の料理を楽しむことができるが、ここでは日本の代表的な料理をいくつか紹介する。

Hoy en día se pueden degustar en Japón platos de cualquier país, pero aquí recogeremos sólo las recetas más típicas de la cocina japonesa.

いただきます！
Itadakimasu※

That's great.

ごちそうさま
Gochisosama※

Thank you.

[刺身] Sashimi

新鮮な魚介類を薄切りにして盛り付けたもの。普通、ワサビを薬味にして醤油につけて食べる。

Son finas lonjas de pescados o mariscos frescos. Normalmente se condimentan con wasabi y salsa de soja.

[すし] Sushi

砂糖を混ぜた酢で調味した飯（すし飯）にさまざまな魚介類を薄切りにして載せたもの。

Es un bloquecito de "sushimeshi" (arroz blanco cocinado con un vinagre azucarado) sobre el que se ha colocado una lonja de pescado o algún marisco.

[すき焼き] Sukiyaki

鉄鍋を使い、牛肉の薄切り肉と豆腐、しらたき、野菜などを卓上コンロで煮ながら食べる。

En una olla de hierro que se calienta sobre un hornillo colocado en el centro de la mesa se cuece carne de ternera (res) en finas lonjas, tofu (queso de soya), fideos hechos con harina de "konnyaku", verduras y otros alimentos.

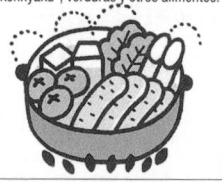

[天ぷら] Tempura

野菜や魚介類に衣をつけて油でからりと揚げた料理。
Son frituras de verduras, pescados y mariscos rebozados.

[しゃぶしゃぶ] Shabu-shabu

薄く切った牛肉を昆布だしの鍋にくぐらせ、たれにつけて食べる。
Finas lonjas de carne de ternera que se cuecen en un caldo hirviente de konbu (alga) y después se mojan en alguna salsa.

[鍋もの] Nabemono

大きな鍋で野菜や魚介類などを煮ながら食べる。材料や味付けによってさまざまな鍋がある。

Son diversas verduras, pescados o mariscos que se cocinan en una gran olla y se van comiendo conforme se cuecen. Hay muchas variantes, en función de los ingredientes y de la forma en que se sazonen.

※「いただきます」は食事のはじめに、「ごちそうさま」は食事の終わりに使う。いずれも食事を作ってくれた人への感謝の言葉。

私の国を紹介します

Voy a presentar mi país.

[会席料理] Kaiseki ryori

酒宴で出される上等な日本料理。西洋料理のフルコースのように一品ずつ順に料理が運ばれる。季節に合った旬の素材が美しく調理される。

Variedad de cocina japonesa muy refinada. En los grandes banquetes, estos platos suelen servirse uno por uno, como en el full course de la cocina occidental, cocinándose y presentándose los manjares propios de cada estación de la forma más exquisita.

[麺類] Fideos

そば粉に小麦粉、水などを加えて練り細く切ったそばと、小麦粉を練って作るうどんは日本の伝統的な麺類。

Los dos fideos tradicionales de Japón son los "soba" (hechos con harina de alforfón o de trigo, agua y otros condimentos, y cortados finos) y los "udon" (de harina de trigo).

[おでん] Oden

醤油のだし汁で、魚の練り製品や大根、ゆで玉子などを数時間煮込んだもの。

En un caldo a base de salsa de soja se cuecen lentamente diversas pastas de pescado, nabos, huevos duros y otros alimentos.

[お好み焼き] Okonomiyaki

小麦粉に水と卵を加え、その中に野菜、魚介類、肉などを混ぜたものをテーブルにはめ込んだ鉄板で焼いて食べる。

Se come asando sobre una plancha colocada en la mesa una especie de torta de harina de trigo con agua y huevo, a la que se añaden verduras, pescados y carnes.

[定食] Menú (del día)

家庭的なおかずとご飯と味噌汁をセットにしたメニューで、学生から社会人までランチメニューとして人気。

Es una comida tan popular entre trabajadores como entre estudiantes, consistente en algún plato de carne o pescado con un bol de arroz y un tazón de sopa de miso, todo con el estilo de la comida casera.

[焼き鳥] Yakitori

一口大に切った鶏肉や牛、豚の臓物を串に刺してあぶり焼きにする。甘辛いたれをつけたものと塩味のものが選べる。

Carne de pollo o vísceras de ternera (res) o cerdo, cortadas en pequeñas porciones, ensartadas en pinchos y asadas. Se sazonan con una salsa dulzona y algo picante o con sal.

食事のマナー / Modales en la mesa

ご飯、汁物を食べるときは、茶碗、汁椀を胸のあたりまで持ち上げる。
Los boles de arroz o de sopa se toman en la mano y se llevan hasta la altura del pecho.

刺身の盛り合わせや漬物など共用の箸が添えられているものは、その箸を使って少量を自分の皿に取り分ける。
En el caso de que las lonjas de pescado crudo, los encurtidos y otros alimentos vengan en una bandeja común para todos, deberán tomarse las porciones con los palillos dispuestos para este uso y depositarse en el plato en pequeñas cantidades.

汁物をいただくときは椀や器に直接口をつけて静かにいただく。
La sopa se toma directamente del tazón, sin hacer ruido.

茶碗のご飯は最後のひと粒まで残さず食べる。食べ終わったら箸をきちんと箸置きにおいて、食べ始めの状態に戻す。
El arroz se come sin desperdiciar ni un solo grano. Terminada la comida, los palillos se dejan sobre el reposapalillos. Que quede todo como estaba al principio.

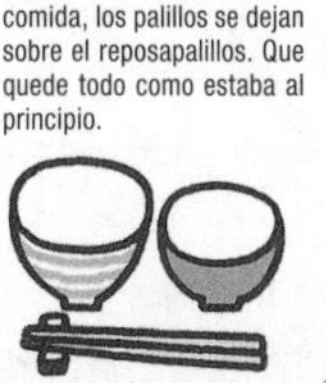

※Al empezar a comer se dice "itadakimasu" y al terminar "gochiso-sama". Ambas son expresiones de gratitud hacia quien ha preparado la comida.

日本の生活
La vida en Japón
Japanese way of life

すまい
Vivienda

日本の住居は独立した一戸建てと、複数の住居が一棟を構成する集合住宅とに大別される。地価の高い都心では庭付きの一戸建てに住むのは難しく、マンションなどの集合住宅が人気。

Las viviendas en Japón suelen ser de dos tipos: casas unifamiliares o departamentos en bloques. En el centro de las ciudades, donde el terreno es muy caro, no es fácil tener una casa con jardín, así que mucha gente vive en pisos o departamentos.

[和室] Washitsu

伝統的な日本特有の部屋。床はイグサで作られた畳を敷き詰め、空間は、紙と木で作られた障子で仕切られている。靴、上履きのような履物は脱いで入る。

Es una habitación de estilo tradicional japonés. El suelo está formado por tatamis, esteras de un junco llamado "igusa". Las separaciones llevan puertas corredizas (shoji) de armazón de madera y cubierta de papel. No se entra con zapatos ni con pantuflas al "washitsu".

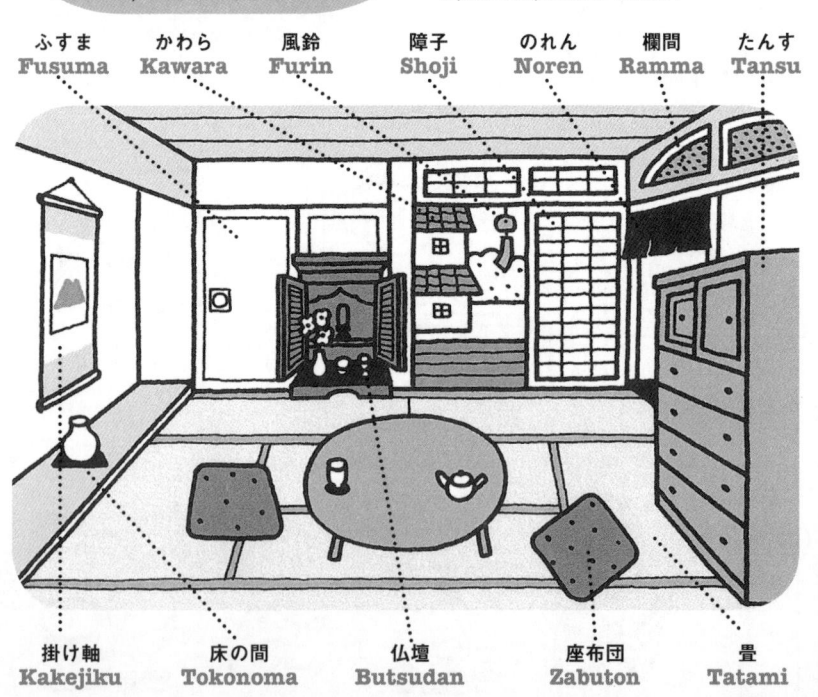

ペルーにも○○はありますか？
¿En Perú también hay...?
エン ペルー タンビエン アイ
Do you also have ○○ in Peru ?

- ふすま Fusuma
- かわら Kawara
- 風鈴 Furin
- 障子 Shoji
- のれん Noren
- 欄間 Ramma
- たんす Tansu
- 掛け軸 Kakejiku
- 床の間 Tokonoma
- 仏壇 Butsudan
- 座布団 Zabuton
- 畳 Tatami

★畳には独特なよい香りがあり、和室にいると心が落ち着きます＝ El "tatami" tiene un aroma muy agradable y especial. Las habitaciones japonesas inducen al relajamiento.

娯楽
Ocio

私の国を紹介します
Voy a presentar mi país.

[プリクラ] Purikura

設置された画面を操作しながら写真を撮り、数十秒でシールにできる機械。特に女子学生に人気。

Los purikura (print club) son máquinas de fotomatón que ofrecen diversos marcos y fondos modificables para hacerse fotos con los amigos. La impresión en pegatina se hace en unos segundos. Tienen gran éxito entre las colegialas.

[カラオケ] Karaoke

街のいたるところにカラオケ店があり、老若男女に楽しまれている。

Los karaokes inundan las calles, atrayendo a gente de todas las edades.

[パチンコ] Pachinko

パチンコは、大人向けの娯楽の代表である。遊ぶことができるのは18歳から。機種ごとにルールは異なる。玉がたくさんたまったら景品に交換できる。

Entre los juegos para adultos, es el más extendido. En sus salones se puede entrar a partir de los 18 años. Cada modelo de máquina tiene sus propias reglas. Quien acumula un cierto número de bolas recibe premios.

[ゲームセンター] Game center

さまざまなゲーム機器が揃っている遊技施設。子供だけではなく、学生やサラリーマンが楽しむ姿も多くみられる。

Son lugares que reúnen muchos tipos de máquinas de juego, frecuentados no sólo por niños, sino también por estudiantes y empleados.

[麻雀] Majan (Mah-jong)

1920年代に中国から伝わったゲーム。最初に13個の牌を持ち、トランプのように引いては捨て、を繰り返し、決まった組み合わせを揃える。

Es un juego que penetró desde China en el decenio de 1920. El jugador recibe 13 fichas y luego va tomando y dejando fichas como en los juegos de naipes, considerando diversas combinaciones.

[マンガ喫茶] Manga kissa

一定の料金を支払えば、ドリンクや軽食と共にマンガや雑誌を閲覧できる店。インターネットや仮眠施設を備えているところも多い。

Son espacios donde, por una tarifa, se puede beber o comer algo ligero mientras se disfruta de la lectura de manga. Algunas disponen de sección de internet e incluso de sitios donde poder echar una siesta.

[競馬・競輪・競艇] Keiba/Keirin/Kyotei

日本で法的に認められているギャンブル。競馬は国内に点在する競馬場や場外発売所で馬券を購入できる。

Las carreras de caballos (keiba), el ciclismo en pista (keirin) y las carreras de lanchas fuera borda (kyotei) son las tres apuestas legales en Japón. Los billetes de las apuestas hípicas se compran en los hipódromos o en los puestos de venta colocados en su exterior.

[温泉] Onsen (fuentes termales)

世界有数の火山国である日本には温泉が数多くある。泉質によってさまざまな効能があるが、何よりリラックスできるので多くの人が温泉を訪れる。

Japón es uno de los países más volcánicos del mundo y en él abundan las fuentes termales (onsen). Sus efectos benéficos dependen de la composición del agua, pero ante todo lo importante es relajarse, y esto es lo que atrae a la gente a estos lugares, principalmente los fines de semana.

★○○で楽しんだことがありますか？ = ¿Alguna vez te has divertido haciendo ○○?

column ～「ペルースペイン語」マスターへの道～

ペルー人との付き合い方

ペルー人は親日的

　100年以上前から日本人が移住し、現在も日系人が活躍中のペルー。日本人観光客にペルー人が親切にしてくれるのは、日系人のおかげといってもいい。例えばチチカカ湖畔に浮かぶウロス島では、童謡「證城寺の狸囃子」を日本語で歌ってくれたり、「昔、水草でできた島は燃えやすくて困っていたが、日系人が太陽光発電を採り入れ火事が減って助かった」と感謝されたり。めいっぱいの歓迎モードにあちこちで出会う。背格好もどことなく日本人に近いペルーの人々は親しみやすく、たどたどしくてもこちらがスペイン語で話しかければ、さらに仲良くなれること間違いないだろう。

商魂のたくましさにビックリ

　街角のペルー人はシャイに見え、外国人には気軽に声をかけないのではと思いきや、商売になると180度別の顔を見せてくれる。バスターミナルでは、ズラッと並ぶバス会社のカウンターから威勢のいい客引きの声が飛び交い、まるで魚市場の競りのよう。勢いに負けず、料金や座席クラス・所要時間などを聞いて回ろう。ココだ！と決めて最後に戻ったカウンターの係員は、きっとあなたを覚えていて、笑顔で迎えてくれるはずだ。ただし、実際にバスに乗ったら、町の外れで降ろされて、タクシーの客引きがワッと押し寄せることも。日本人は、せっかく声をかけてくれたのに冷たくあしらうなんて…と思いがちだが、ときには相手にしない勇気も必要。商売っ気たっぷりのペルー人とは、会話もほどほどに。

おっちょこちょい、でも憎めない

　旅行中に遭遇するトラブルと言えば、ホテルの予約ミスやランドリーでの返却もれ。予約をしたはずのホテルに着き、「え？もう部屋はないですが」と言われることも。そんなときは、いつ、どうやって予約したかをアピールすれば、一緒になって代わりの宿を探してくれる。お風呂の水があまり出ない、高山病でつらいなど、自分で洗濯ができないときは町中のランドリーに頼むと便利だが、宿に帰って確かめると「Tシャツが1枚足りない」こともしばしば。そんなときも遠慮は無用！お店に戻り、何が足りなかったか申し出よう。大抵、恥ずかしそうに店の奥まで探しに行き、謝りながら返してくれる。悪気はまったくなく、ただ間違っただけ。少しおっちょこちょいな面もあるけれど、自分のミスを何とかフォローしようとするペルー人。はにかんだ笑顔を見れば、きっと憎めなくなるはず。

ペルーで会話を楽しむための基本情報が満載

知っておこう

ペルーまるわかり ───────────── 126
スペイン語が上達する文法講座 ─────── 128
ペルーにまつわる雑学ガイド ──────── 132
スペイン語で手紙を書こう！ ──────── 135
50音順スペイン語単語帳（日本語→スペイン語）── 136

ペルーまるわかり

ペルー共和国　　República del Perú

国のあらまし　ペルー VS 日本

	ペルー	日本
面積	約128万5000km²（日本の約3.4倍）	37万7914.78km²
人口	約2822万人（2007年）	約1億2777万5000人（2007年）
国鳥	アンデスイワドリ	キジ
国歌	マルチャ・ナシオナル・デル・ペルー	君が代
首都	リマ（人口約844万5200人 2007年）	東京（人口約1278万人 2007年）
言語	スペイン語（ケチュア語、アイマラ語も一部の地域で公的使用が認められている）	日本語

ペルー　旅のヒント

【時差】
日本との時差は14時間遅れ。日本が正午のとき、ペルーでは午後10時。サマータイムはない。

【通貨】
通貨単位はヌエボ・ソル（nuevo sol）と補助通貨のセンティモ（céntimo）。1ヌエボ・ソルは100センティモである。1ヌエボ・ソル＝約30.76円（2009年12月現在）。US$も広く流通しているので、買物に使用できる。

【電圧】
ペルーの電圧は一般的には220V。日本の家電製品やパソコンで240Vまでのものはそのまま使えるが、地域やホテルにより違う場合があるので確認すること。

【チップ】
ホテルのポーターには1US$。レストランでの目安は10%程度だが、サービス料込の店では不要。特別なことを頼んだら担当給仕に1US$を目安に。街の小さな飲食店やタクシーでのチップは不要。

【郵便】
日本までのハガキは5.5ヌエボ・ソル、封書は8.5ヌエボ・ソル（いずれも20gまでの料金）。高地など場所によって料金が変わる場合があるので確認を。またポストは町中にある場合と、郵便局内にしか設置していない場合があるので、これもホテルで確認しよう。

温度比較

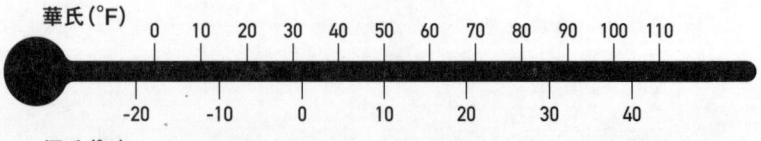

華氏（°F）
摂氏（°C）

温度表示の算出の仕方　$°C = (°F - 32) \div 1.8$　$°F = (°C \times 1.8) + 32$

度量衡

長さ

メートル法		ヤード・ポンド法				尺貫法			
メートル	キロ	インチ	フィート	ヤード	マイル	海里	寸	尺	間
1	0.001	39.370	3.281	1.094	-	-	33.00	3.300	0.550
1000	1	39370	3281	1094.1	0.621	0.540	33000	3300	550.0
0.025	-	1	0.083	0.028	-	-	0.838	0.084	0.014
0.305	-	12.00	1	0.333	-	-	10.058	1.006	0.168
0.914	0.0009	36.00	3.00	1	0.0006	0.0004	30.175	3.017	0.503
1609	1.609	63360	5280	1760	1	0.869	53107	5310.7	885.12
0.030	-	1.193	0.099	0.033	-	-	1	0.100	0.017
0.303	0.0003	11.930	0.994	0.331	0.0002	0.0002	10.00	1	0.167
1.818	0.002	71.583	5.965	1.988	0.001	0.0009	60.00	6.00	1

重さ

メートル法			ヤード・ポンド法		尺貫法		
グラム	キログラム	トン	オンス	ポンド	匁	貫	斤
1	0.001	-	0.035	0.002	0.267	0.0003	0.002
1000	1	0.001	35.274	2.205	266.667	0.267	1.667
-	1000	1	35274	2204.6	266667	266.667	1666.67
28.349	0.028	0.00003	1	0.0625	7.560	0.008	0.047
453.59	0.453	0.0005	16.00	1	120.958	0.121	0.756
3.750	0.004	-	0.132	0.008	1	0.001	0.006
3750	3.750	0.004	132.2	8.267	1000	1	6.250
600.0	0.600	0.0006	21.164	1.322	160.0	0.160	1

面積

メートル法		ヤード・ポンド法		尺貫法		
アール	平方キロメートル	エーカー	平方マイル	坪	反	町
1	0.0001	0.025	0.00004	30.250	0.100	0.010
10000	1	247.11	0.386	302500	1008.3	100.83
40.469	0.004	1	0.0016	1224.12	4.080	0.408
25906	2.59067	640.0	1	783443	2611.42	261.14
0.033	0.000003	0.0008	-	1	0.003	0.0003
9.917	0.000099	0.245	0.0004	300.0	1	0.100
99.174	0.0099	2.450	0.004	3000.0	10.000	1

体積

メートル法			ヤード・ポンド法		尺貫法		
立方センチ	リットル	立方メートル	クォート	米ガロン	合	升	斗
1	0.001	0.000001	0.0011	0.0002	0.006	0.0006	0.00006
1000	1	0.001	1.057	0.264	5.543	0.554	0.055
-	1000	1	1056.8	264.19	5543.5	554.35	55.435
946.35	0.946	0.0009	1	0.25	5.246	0.525	0.052
3785.4	3.785	0.004	4.00	1	20.983	2.098	0.210
180.39	0.180	0.00018	0.191	0.048	1	0.100	0.010
1803.9	1.804	0.0018	1.906	0.476	10.00	1	0.100
18039	18.04	0.018	19.060	4.766	100.00	10.00	1

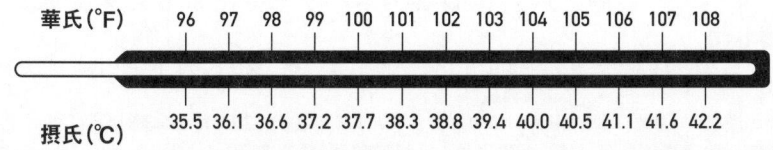

華氏(°F)	96	97	98	99	100	101	102	103	104	105	106	107	108
摂氏(°C)	35.5	36.1	36.6	37.2	37.7	38.3	38.8	39.4	40.0	40.5	41.1	41.6	42.2

ペルースペイン語が上達する文法講座

講座1　日本人には簡単？　スペイン語の文字と発音を覚えよう

■スペイン語のアルファベットは27文字

a	b	c	d	e	f	g	h	i	j	k	l	m	n
ア	ベグランデ	セ	デ	エ	エフェ	ヘ	アチェ	イ	ホタ	カ	エレ	エメ	エネ

ñ	o	p	q	r	s	t	u	v	w	x	y	z	
エニェ	オ	ペ	ク	エレ	エセ	テ	ウ	ベチカ	ベドブレ	エキス	イグリエガ	セタ	

英語にないのは ñ(エニェ) だけ。

■発音とつづり
基本的にローマ字読みでよいが、いくつか気をつけなければならない発音がある。
・スペイン語の母音は日本語と同じa(ア), e(エ), i(イ), o(オ), u(ウ) の5つ。
ただしuの音は日本語のウより唇を尖らせて強く発音する。
・「h」は無音で発音しない。したがってhaは「ア」になる。
・「j」は喉の奥から強く息を吐く。母音と組み合わされるとハ、ヘ、ヒ、ホ、フになる。
・「c」「g」は組み合わされる母音で音が変わる。
　例) ca (カ) ce (セ) ci (シ) co (コ) cu (ク) ga (ガ) ge (ヘ) gi (ヒ) go (ゴ) gu (グ)
・「ll」は母音と組み合わせてジャ、ジェ、ジ、ジョ、ジュの音になる。
・「q」はque (ケ) qui (キ) の組合せしかない。
・「r」はふるえ音で舌先を一回震わせるが、語中の「rr」と語頭の「r」は巻き舌音。
・「s」は母音と組み合わせてサ、セ、シ、ソ、スになる。
・「z」はSと同じ発音。

■アクセントの位置のルール
1) 母音、またはn,s で終わる語は、後ろから二番目の音節にアクセントがくる。
　casa (**カ**サ) 家　　jóven (**ホ**ベン) 若い
2) n,s以外の子音で終わる語は、最後の音節にアクセント。
　valor (バ**ロール**) 価値　　universidad (ウニベルシ**ダッ**) 大学
　※ 語末の「d」は発音しない。
3) アクセント記号のあるものは、そこがアクセント位置。
　estación (エスタ**シオン**) 駅　　aquí (ア**キ**) ここ

講座2　名詞、冠詞、形容詞はパターンを知れば大丈夫
■名詞
スペイン語の名詞は男性形と女性形に別れる。男性名詞は「-o」、女性名詞は「-a」で終ることが多い。しかし例外も多いので辞書で確認しよう。
また、名詞には単数形と複数形がある。複数形の作り方は、単数形が母音で終わる場合は「-s」をつけ、子音で終わる場合は「-es」をつける。ただし「-z」で終わる語は「-z→ -ces」となる。

※文法については、ペルーで通じやすいスペイン語としてまとめている

■冠詞、形容詞の語尾変化と名詞との位置関係

名詞の前には特定のものや人を表す定冠詞、不特定のものや人を表す不定冠詞の2種類が用いられ、名詞の性・数に合わせて冠詞、形容詞も性・数変化する。以下の表に冠詞、名詞、形容詞の性・数変化の組合せをまとめた。状況に応じて応用してみよう。語順は冠詞＋名詞＋形容詞が基本。

		冠詞	名詞	形容詞	形容詞の変化
単数	男	定冠詞 el エル 不定冠詞 un ウン	niño ニーニョ （男の子）	guapo グアポ （かっこいい） amable アマーブレ （親切な） español エスパニョール(スペイン人の)	-oで終わる形容詞 その他の母音で終わる形容詞 子音で終わる形容詞
単数	女	定冠詞 la ラ 不定冠詞 una ウナ	niña ニーニャ （女の子）	guapa グアパ （かっこいい） amable アマーブレ （親切な） española エスパニョーラ(スペイン人の)	-aに変える 変化なし -aに変える
複数	男	定冠詞 los ロス 不定冠詞 unos ウノス	niños ニーニョス （男子たち）	guapos グアポス （かっこいい） amables アマーブレス （親切な） españoles エスパニョーレス(スペイン人の)	名詞と同じく母音＋s 名詞と同じく母音＋s 子音＋es
複数	女	定冠詞 las ラス 不定冠詞 unas ウナス	niñas ニーニャス （女子たち）	guapas グアパス （かっこいい） amables アマーブレス （親切な） españolas エスパニョーラス(スペイン人の)	名詞と同じく母音＋s 名詞と同じく母音＋s 子音＋as

講座3　人称によって変化する代名詞

スペイン語には人やものを表す代名詞がある。日本語の「私、あなた、彼、それ」などにあたる言葉が代名詞。名詞と同様、性と数により変化する。旅行会話でもよく使うので、「私の」を意味する所有形容詞とあわせて、以下のリストでまとめて覚えておこう。

		主語	目的語		所有形容詞（〜の）	
		〜は、〜が	直接(〜を)	間接(〜に)	単数	複数
1人称単数	私	yo ジョ	me メ	me メ	mi ミ	mis ミス
2人称単数	きみ	tú トゥ	te テ	te テ	tu トゥ	tus トゥス
3人称単数	彼それ(男性名詞)	él エル	lo(le) ロ(レ)	le レ	su ス	sus スス
	あなた(男性)	usted ウステッ				
	あなた(女性)		la ラ			
	彼女それ(女性名詞)	ella エジャ				
1人称複数	私たち	nosotros ノソトロス nosotras ノソトラス	nos ノス	nos ノス	nuestro ヌエストロ nuestra ヌエストラ	nuestros ヌエストロス nuestras ヌエストラス
2人称複数	きみたち(男性)	ustedes ウステデス	los ロス	les レス	su ス	sus スス
	きみたち(女性)		las ラス			
3人称複数	彼ら、それら(男性名詞)	ellos エジョス	los(les) ロス(レス)	les レス	su ス	sus スス
	あなた方(男性)	ustedes ウステデス				
	あなた方(女性)		las ラス			
	彼女たち、それら(女性名詞)	ellas エジャス				

※所有形容詞は、そのうしろにくる名詞の性・数に応じて語尾変化する。

講座 4　スペイン語の動詞は活用に注意

スペイン語の動詞は主語の人称、時制などにより変化するが、基本活用パターンは -ar 動詞、-er 動詞、-ir 動詞の 3 通りなので、まずは現在形の規則活用を覚えよう。不規則変化をする動詞も多数あるが、ここでは英語の be 動詞にあたる ser と estar とよく使う動詞をいくつか紹介しよう。

		動詞の原形	私 yo	君 tú	彼/彼女/あなた él/ella/usted	私たち nosotros(-as)	君たち ustedes	彼ら/彼女達/あなた方 ellos/ellas/ustedes
規則動詞の活用（現在形）	-ar 動詞	comprar コンプラール（買う）	compro コンプロ	compras コンプラス	compra コンプラ	compramos コンプラモス	compran コンプラン	compran コンプラン
	-er 動詞	comer コメール（食べる）	como コモ	comes コメス	come コメ	comemos コメモス	comen コメン	comen コメン
	-ir 動詞	vivir ビビール（住む）	vivo ビボ	vives ビベス	vive ビベ	vivimos ビビモス	viven ビベン	viven ビベン
不規則動詞の活用（現在形）	ser	ser セール（〜である）	soy ソイ	eres エレス	es エス	somos ソモス	son ソン	son ソン
	estar	estar エスタール（いる、ある）	estoy エストイ	estás エスタス	está エスタ	estamos エスタモス	están エスタン	están エスタン
	querer	querer ケレール（〜を望む）	quiero キエロ	quieres キエレス	quiere キエレ	queremos ケレモス	quieren キエレン	quieren キエレン
	poder	poder ポデール（〜できる）	puedo プエド	puedes プエデス	puede プエデ	podemos ポデモス	pueden プエデン	pueden プエデン
	tener	tener テネール（持つ）	tengo テンゴ	tienes ティエネス	tiene ティエネ	tenemos テネモス	tienen ティエネン	tienen ティエネン
	ir	ir イール（行く）	voy ボイ	vas バス	va バ	vamos バモス	van バン	van バン

■自分の意思を伝える querer 動詞と poder 動詞

上の表で活用を紹介した querer（〜を望む、欲しい）と poder（〜できる）は、その後に動詞の原形を置くと、「〜したい」、「〜できる」の意味になる。

● 〜したい　　　　　　　　　<u>Quiero</u> ir a Cuzco.（私はクスコに行きたい）
　　　　　　　　　　　　　　キエロ　イール　ア　クスコ

● 〜してもいいですか？　　　¿<u>Puedo</u> tomar fotos?（私は写真を撮ってもいいですか？）
　　　　　　　　　　　　　　プエド　トマール　フォトス

● 〜してもらえますか？※　　¿<u>Puede</u> usted abrir la ventana?（窓を開けてくださいますか？）
　　　　　　　　　　　　　　プエデ　ウステッ　アブリール　ラ　ベンタナ

※主語を usted にすると依頼の意味になる

■ tener 動詞で表現の幅を広げよう

上の表の tener 動詞も非常に便利な表現なので、状況に応じて使い分けてみよう。

●（手に）持っている　　　　Tengo un boleto.（切符を 1 枚持っている）
　　　　　　　　　　　　　　テンゴ　ウン　ボレート

●（兄弟や友達が）いる　　　Tengo dos hermanos.（兄弟が二人いる）
　　　　　　　　　　　　　　テンゴ　ドス　エルマーノス

- (年齢が) ～歳だ Tengo 25 años. (私は 25 歳だ)
  テンゴ ベインティシンコ アーニョス
- (～が痛い) Tengo dolor de cabeza. (私は頭が痛い)
  テンゴ ドロール デ カベサ
- (暑い、寒い) など Tengo frío/calor/sed. (私は寒い／暑い／喉が渇いた)
  テンゴ フリーオ カロール セッ

講座 5　主な前置詞をチェックしよう

- **a ア** (～に、～へ) Quiero ir a la estación. (私は駅に行きたい)
  キエロ イール ア ラ エスタシオン
- **de デ** (～の、～から) paradero de autobús (バス停) de diez a doce (10時から12時まで)
  パラデーロ デ アウトブス　　　　　　デ ディエス ア ドセ
- **en エン** (～の中に、～の上に) en tren (列車で) en el hotel (ホテルに) en la mesa (テーブルの上に)
  エン トレン　　　　エン エル オテル　　　　エン ラ メサ
- **para パラ** (～のために) para ver el partido de fútbol (サッカーの試合を見るために)
  パラ ベール エル パルティード デ フッボル

講座 6　語順をマスターして文章を作ってみよう

1. スペイン語の語順は主語＋述語であらわされる。
　例：Tú eres japonés. (きみは日本人だ)
　　　トゥ エレス ハポネス

2. しかし動詞を見れば主語がわかるので主語が省略されることが多い。
　例：Eres japonés. (きみは日本人だ)
　　　エレス ハポネス

3. 否定文にする場合は動詞の前に NO を置く。
　例：No eres japonés. (きみは日本人じゃない)
　　　ノ エレス ハポネス

4. 疑問文も語順に変化はなく、最初と最後を¿と?でくくる。会話の場合は文末のイントネーションをあげる。
　例：¿Eres japonés? (きみは日本人ですか？)
　　　エレス ハポネス

■疑問詞を使った疑問文

- **Qué ケ** (何)　　　　¿Qué compras? (君は何を買いますか？)
  　　　　　　　　　　　ケ コンプラス
- **Quién キエン** (だれ)　¿Quién paga? (だれが払いますか？)
  　　　　　　　　　　　キエン パガ
- **Cómo コモ** (どのように)　¿Cómo se escribe? (どのように書きますか？)
  　　　　　　　　　　　コモ セ エスクリーベ
- **Dónde ドンデ** (どこに)　¿Dónde está usted? (あなたはどこにいますか？)
  　　　　　　　　　　　ドンデ エスタ ウステッ
- **Cuánto クアント** (どれくらい)　¿Cuánto es? (いくらですか？)
  　　　　　　　　　　　クアント エス

ペルーにまつわる雑学ガイド

1 救世主 ジャガイモ

今後、世界の人口増加とともに訪れるであろう食糧危機。その救世主として注目されるのが、アンデス原産のジャガイモだ。チチカカ湖畔の洞窟から約8000年前のものと推定されるでんぷんが発見されたが、ジャガイモの栽培が本格的に始まったのは、アンデスに農耕生活が定着した紀元前2000年頃とされる。インカ帝国を征服したスペイン人達によってヨーロッパにもたらされたジャガイモは、厳しい条件下でも生育する栄養豊かな野菜として瞬く間に世界中に広がった。アンデス全体では、3000〜4000種のジャガイモがあるといわれるが、今世界中で食べられているジャガイモのルーツをたどると、たったひとつの改良種に行きあたるという。リマの国際ポテト・センター（CIP）ではあらゆる品種が保存され、世界の不毛地帯でも生育するジャガイモの研究に役立てられている。

ペルーの山岳地帯でぜひ試したいのが、チューニョを加えた料理。チューニョとは、4月から9月の乾期に特殊な方法で保存されたジャガイモだ。アンデス高地の朝晩の気温差を利用し、凍結と自然解凍を繰り返したジャガイモを裸足で踏み、水分を押し出す。これでジャガイモの毒素（ソラニン）も流れ出し、安全に食べられるというわけだ。元々は苦いジャガイモを加工するための知恵だったが、天日乾燥させたチューニョは10年も保存でき、水に戻して煮込んだり、粉にしてスープに加えたりと、アンデスの食事には欠かせない食材だ。

市場にならぶジャガイモはカラフルで見ているだけで楽しい。日本のものとはちょっと違う、多彩な味をぜひ、さまざまな料理とともにお試しあれ。

2 隠れたグルメ大国

世界でも有数のバリエーションを誇るペルー料理。スペイン、イタリア、アフリカ、中国、そして日本などさまざまな文化の影響を受けた多彩なメニューに飽きることはない。アマゾンではバナナの葉の包み蒸し料理、北西部ランバイケ県ではヤギ料理など、それぞれ特徴のある地方料理も魅力のひとつだ。

ペルー料理の調味料や隠し味には醤油が使われることが多く、日本人には馴染みやすい。リマのレストランではそれら多彩な味を一度に楽しめるランチ・ビュッフェも多い。大型スーパーのフードコートでは量り売りのビュッフェも楽しめる。

食材の宝庫であるペルーでは、ときにぎょっとするような場面に出合うこともあるのでご用心。各地の市場には驚くほど多種多様な野菜や果物、魚介類が並び、丸裸にされ見事にスッパリと捌かれた動物が客を待つ。内臓が部位ごとに分けられて盛られ、ヤギの半身がぶら下がっている光景に思わず目を逸らすと、そこには豚の顔の山…と、迫力満点。その瞬間なにかわからずジッと凝視してしまい、後悔することも。

ペルーのダイナミックな食文化を丸ごと味わおう。

3 100年に一度咲く花 プヤ・ライモンディ（ワスカラン国立公園）

アンデスには多様な植物が自生している。標高4000mを越える高地をいくと、巨大なイガグリが斜面に点在している。パイナップル科に属する巨大な植物「プヤ・ライモンディ（puya raimondii）」だ。

この植物はセンチュリー・プラントとも呼ばれ、「100年間も生き続け、100年目に一度だけ花を咲かせる」といわれる。縁に鋭いトゲのある長い葉が放射状に広がり、徐々に球形を作っていくが、人間の一生と同じくらいのときをかけ、幅・高さともに4m以上にまで成長する。十分にエネルギーを蓄えると、球の中心から花茎が天に伸び始める。10mを超える個体もあるから驚きだ。アンデスのトーテム・ポールのような巨大な花茎に、可憐なクリーム色の花を無数につける。たっぷりの蜜でハチドリたちを誘いこみ、受粉を助けてもらう。そして、次の命に繋がったのを見届けたかのように、ひっそりと枯死する。

アンデスの初夏は9月から11月。このわずかな期間に、一気に成長し花を咲かせる。命を終えた巨大な茎は、古くは放牧用の小屋の材料として、アンデスの民に利用された。高地の過酷な環境で物言わず生きる姿は、まるで哲学者か仙人のようだ。

4 パチャママ信仰

お茶やお酒を飲む前に、アンデスの人々はそれを地面に少し垂らす。まずは母なる大地の神、パチャママに少し捧げてから自分たちが飲むという、奥ゆかしい行為だ。国民の大多数がカトリックというペルーで、先コロンブス時代の信仰が今なお生きている。

パチャママは、インカ以前のペルーで、大地に恵みをもたらす神として人々から信仰された。大地と同様に、山や岩、深い洞窟、湖、海など自然物のすべてに神が宿ると人々は信じ、これらを崇拝した。しかしインカ帝国になると信仰の中心は太陽となり、インカの皇帝は太陽神の子と位置づけられた。ただしパチャママは「宇宙に生命を与えるもの」という存在で人々のなかに生き続け、インカもそれを認めた。インカが滅びたとき、インカの神（太陽神）はキリスト教の神にとって代わられた。しかしパチャママは、逆に人々の信仰を大っぴらに集め、パチャママ以外の自然に宿る神も人々の心によみがえってきた。

パチャママをはじめとするペルーの神々は、図象化されていない。したがってどんな風貌の神様なのか誰も知らない。しかしあるときは人間の姿になり、あるときは蛇になるという。人々の夢の中にもあらわれるという。

パチャママと人々は「おたがいさま」の関係だ。豊作に感謝して、人々はパチャママに供物を捧げる。アンデスでは季節の変わり目、つまり雨期と乾期の変わり目である8月とカーニバルの時期がそれに当たる。地域によってパチャママの好物は変化するらしい（！）が、コカの葉や果物、パンなどの供物が一般的。

また人々は豊作を祈願するだけでなく、病気の家族を助けてもらうときや、自分の結婚・出産など、たくさんの願い事をパチャママに祈る。その際に登場するのが、呪術師だ。薬草を調合して治療にあたるほか、神とコミュニケーションをして災いを取り除くとされる。オールマイティのパチャママがいれば、ペルー人に怖いものなしだ。

5 車社会で生き抜く方法

ペルーは車社会。都市部では渋滞が慢性化しているが、問題なのは運転マナー。普段はのんびりした人が多いペルー人。だが、ハンドルを握ると人格が変わるのは、どこの国も同じらしい。タクシーやコンビの運転が荒いのは有名だが、一般のドライバーも例外ではない。「人間同士がすれ違っている」かのような錯覚に陥ってしまうのだ。クラクションはBGM、車線はあくまでも道路の模様でしかなく、ほかの車は我が道を阻む存在となる。車線変更しかり、駐車しかり、明らかに無理なスペースに数台が同時に流れ込むなど、よくある光景。接触事故は数知れず。しかし、そこでびびってはいけない。何かあれば悠々と車を降り、周囲の迷惑など顧みずに相手と戦うのみである。

ペルーでタクシーに乗ったら、しっかりとシートベルトを締め（義務化されている）、強盗防止に窓を閉め、ついでに口も閉じておこう。いつ衝撃で舌を噛むか、わからないから。

ペルースペイン語で手紙を書こう！

旅で出会った人や、お世話になった人に、帰国後、手紙を出してみよう。下記の書き方を参考にして、素直にお礼の気持ちを伝えてみれば友情が深まるはず！

Tokio, 7 de octubre de 2009

Queridos Susana y Carlos:

¡Hola! ¿Cómo están? Ya estoy de regreso en casa, aquí en Tokio.
Me gustaría agradecerles mucho todas las atenciones que me brindaron y en especial por invitarme a su hogar. En Perú, lo pasé muy bien, tengo muy buenos recuerdos como cuando estuvimos juntos en su hogar disfrutando de una comida riquísima. También recuerdo la visita al Museo de Oro, gracias por acompañarme. Cuando tenga las fotos se las estaré enviando.

Ahora, espero que puedan venir a visitarme. Con mucho gusto les enseñaré mi ciudad y guiaré en lo que necesiten. Así, podré corresponder a todas sus atenciones y amabilidad.

Cariños para su familia.
Un abrazo muy fuerte.

Kayoko Kimura

[日付]
日付の前に手紙を書いている場所名をいれ、コンマのあとに日付を書く。日付は日＋de＋月＋de＋年の順。

[起句]
友達への手紙では英語のdearに当たるQuerido(-da)で始めて、後にファーストネームを付ける。ビジネスなど丁寧な手紙ではEstimado(-da)としてSr.やSra.の敬称をつける。

[結句]
結びの言葉。友人同士であればUn abrazo muy fuerte（強い抱擁を）．が最も一般的。ビジネスであれば日本語の「敬具」に相当するのはLe saluda muy atentamente.またはシンプルにAtentamente.など。

[署名]

親愛なるスサナとカルロスへ

元気ですか？私は東京の自宅に戻ってきました。親切にしていただいて、またお家にご招待いただいて、ありがとう。ペルーではすばらしい時間を過ごせましたが、特にあなたたちの家でご一緒した昼食での楽しいひとときが印象に残っています。それから、黄金博物館に連れて行ってもらったことにも感謝しています。写真ができ上がったら送りますね。

近いうちに、ふたりが日本に来られることを期待しています。日本をご案内して、恩返ししたいです。
ご家族のみなさんにもよろしくお伝えください。
敬具
木村かよこ

[封筒の書き方]

左上に自分の名前と住所を書く。
表面に赤い文字で航空便 AIR MAIL と明記する。
中央を目安に相手の名前と住所を書く。

```
Kayoko Kimura
4-26-27 Kichijoji Honcho, Musashino City
Tokyo, Japan 162-0041                    [STAMP]


                    Sres. Susana y Carlos Ruiz
                    Avenida Arequipa 4795
 [AIR MAIL]         Miraflores
                    Lima 18 Perú
```

50音順ペルースペイン語単語帳

日本語 ➡ ペルースペイン語

※「食べよう」のシーンでよく使う単語には🍴印がついています
※「買おう」のシーンでよく使う単語には🛍印がついています
※「伝えよう」のシーンでよく使う単語には💬印がついています

あ

アイロン	**plancha** (f) プランチャ
○○に会う	**ver a** ○○ ベール ア ○○
空きの(空席の)	**libre** リブレ
開ける	**abrir** アブリール
あさって	**pasado mañana** パサード マニャーナ
預ける(荷物を)	**encargar** エンカルガール
熱い(飲み物などが)	**caliente** カリエンテ
後で💬	**después** デスプエス
危ない	**peligroso(-sa)** ペリグロソ(サ)
アレルギー	**alergia** (f) アレルヒア
安全な	**seguro(-ra)** セグーロ(ラ)
案内図	**mapa turístico** マパ トゥリスティコ

い

胃💬	**estómago** (m) エストマゴ
医師	**doctor(-ra)** ドクトール(ラ)
椅子	**silla** (f) シジャ
急ぐ💬	**darse prisa** ダールセ プリサ
痛み💬	**dolor** (m) ドロール
入口	**entrada** (f) エントラーダ

う

上に	**arriba** アリーバ
上の方に	**hacia arriba** アシア アリーバ
受付け	**recepción** (f) レセプシオン
受け取る	**recibir** レシビール
後ろ	**detrás** デトラス
美しい💬	**hermoso(-sa)** エルモソ(サ)
腕時計🛍	**reloj de pulsera** (m) レロッ デ プルセーラ
海の見える💬	**con vista al mar** コン ビスタ アル マール
売る	**vender** ベンデール
うれしい	**(estar) alegre** (エスタール) アレグレ
上着(ジャケット)🛍	**casaca** (f) カサカ
上着(ジャンパー)	**casaca delgada** (f) カサカ デルガーダ
運賃	**tarifa** タリファ
運転する	**conducir** コンドゥシール

え

営業中🛍	**abierto(-ta)** アビエルト(タ)
駅	**estación** (f) エスタシオン
エスカレーター🛍	**escaleras eléctricas** (f,pl) エスカレーラス エレクトリカス
エステ(サロン)	**salón de belleza** サロン デ ベジェサ
絵葉書🛍	**tarjeta postal** (f) タルヘータ ポスタル
エレベーター	**ascensor** (m) アスセンソール

お

おいしい💬🍴	**exquisito(-ta)** エスキシート(タ)
応急処置	**primeros auxilios** (m,pl) プリメーロス アウクシリオス
横断歩道	**paso peatonal** (m) パソ ペアトナル
終える	**terminar** テルミナール
丘	**cerro** (m) セロ
屋上	**azotea** (f) アソテア
送る	**mandar/enviar** マンダール/エンビアール
遅れる	**llegar tarde** ジェガール タルデ
教える💬	**enseñar** エンセニャール
押す	**empujar** エンプハール
遅い(時間)💬	**tarde** タルデ
遅い(スピード)	**despacio/lento** デスパシオ/レント
落ち着いた(雰囲気が)	**cómodo(-da)** コモド(ダ)
おつり🛍	**vuelto** ブエルト
お腹	**vientre** (m) ビエントレ
お腹がすいた	**tener hambre** テネール アンブレ
覚えている	**recordar** レコルダール
思い出	**recuerdo** (m) レクエルド
お湯💬	**agua caliente** (f) アグア カリエンテ

136

折り返し電話する	regresar la llamada / レグレサール ラ ジャマーダ	借りる	alquilar / アルキラール	教師	profesor(-ra) / プロフェソール (ラ)
降りる	bajar / バハール	河・川	río (m) / リオ	教会	iglesia (f) / イグレシア
降ろす(お金を)	sacar (el dinero) / サカール (エル ディネロ)	かわいい	bonito(-ta) / ボニート(タ)	距離	distancia (f) / ディスタンシア
終わる	terminar / テルミナール	環境	ambiente (m) / アンビエンテ	嫌いだ	no me gusta / ノ メ グスタ

か

会社	compañía (f) / コンパニア	観光案内所	oficina de turismo (f) / オフィシーナ デ トゥリスモ	霧	niebla (f) / ニエブラ
会社員	empleado(-da) / エンプレアード (ダ)	患者	paciente (m,f) / パシエンテ	禁煙エリア	área de no fumar (f) / アレア デ ノ フマール
外出する	salir / サリール	勘定	cuenta (f) / クエンタ	緊急の	urgente / ウルヘンテ
階段	escalera (f) / エスカレーラ	乾燥した(衣類が)	seco(-ca) / セコ(カ)	金庫	caja fuerte (f) / カハ フエルテ
返す	devolver / デボルベール	看板	letrero (m) / レトレーロ	近所の	vecino(-na) / ベシーノ(ナ)
帰る	regresar/volver / レグレサール/ボルベール			緊張した	nervioso(-sa) / ネルビオーソ(サ)
鏡	espejo (m) / エスペホ	## き		筋肉痛	dolor muscular / ドール ムスクラール
カギ	llave (f) / ジャベ	気温	temperatura (f) / テンペラトゥーラ		
書く	escribir / エスクリビール	傷(軽い傷)	herida (f) / エリーダ	## く	
学生	estudiante (m,f) / エストゥディアンテ	きつい(衣服が)	muy justo(-ta) / ムイ フスト(タ)	空港	aeropuerto (m) / アエロプエルト
確認する	confirmar / コンフィルマール	喫煙所	área de fumar (f) / アレア デ フマール	空席	asiento libre (m) / アシエント リブレ
傘	paraguas (m) / パラグアス	切手	estampilla (f) / エスタンピージャ	くし	peine (m) / ペイネ
火事	incendio (m) / インセンディオ	気分が悪い	sentirse mal / センティールセ マル	薬	medicina (f) / メディシーナ
貸す	prestar / プレスタール	キャンセルする	cancelar / カンセラール	口紅	lápiz labial (m) / ラピス ラビアル
風邪	catarro (m) / カターロ	休暇	vacaciones (f,pl) / バカシオネス	靴	zapatos (m,pl) / サパートス
数える	contar / コンタール	救急車	ambulancia (f) / アンブランシア	曇りの	nublado(-da) / ヌブラード(ダ)
肩	hombro (m) / オンブロ	休憩室	área de descanso (f) / アレア デ デスカンソ	暗い	oscuro(-ra) / オスクーロ(ラ)
硬い	duro(-ra) / ドゥーロ(ラ)				
カトリック	catolicismo (m) / カトリシスモ				
学校	escuela (f) / エスクエラ				
かゆい	me pica / メ ピカ				

★ 出入国編 ★

入国審査	zona de control migratorio (f)	ソナ デ コントロール ミグラトリオ
検疫	inspección sanitaria (f)	インスペクシオン サニタリア
パスポート	pasaporte (m)	パサポルテ
ビザ	visa (f)	ビサ
サイン	firma (f)	フィルマ
入国目的	motivo de la visita (m)	モティーボ デ ラ ビシタ
観光	turismo (m)	トゥリスモ
商用	negocio (m)	ネゴシオ
滞在予定期間	duración de la estancia (f)	ドゥラシオン デ ラ エスタンシア
乗継ぎ	vuelo de conexión (m)	ブエロ デ コネクシオン
荷物引取り	recepción de equipaje (f)	レセプシオン デ エキパヘ
税関審査	revisión aduanal (f)	レビシオン アドゥアナル
免税／課税	libre de impuestos/impuestos	リブレ デ インプエストス／インプエストス

知っておこう

クリーニング店	lavandería (f) ラバンデリーア	高速道路	carretera (f) カレテラ	詐欺	estafa (f) エスタファ
繰り返す	repetir レペティール	交通機関	medios de transporte (m,pl) メディオス デ トランスポルテ	先払いする	pagar por anticipado パガール ポル アンティシパード
クレーム	reclamo (m) レクラーモ	交通事故	accidente de tránsito (m) アクシデンテ デ トランシト	酒	licor / trago (m) リコール／トラゴ
加える	añadir アニャディール	強盗	asaltante アサルタンテ	座席	asiento (m) アシエント
け		声	voz (f) ボス	撮影する	fotografiar / filmar フォトグラフィアール／フィルマール
警察官	policía (m,f) ポリシーア	コカ	coca コカ	サプリメント	suplemento (m) スプレメント
ケーキ	torta (f) トルタ	コカ茶	mate de coca (m) マテ デ コカ	寒い	frío(-a) フリオ
外科	cirugía (f) シルヒーア	国際運転免許証	licencia de conducir internacional (f) リセンシア デ コンドゥシール インテルナシオナル	**し**	
ケガをした	herido(-da) エリード(ダ)	シエラ (山岳地帯)	sierra (f) シエラ
化粧品	cosmético (m) コスメティコ	故障	avería (f) アベリーア	時間	hora (f) オラ
血圧	presión arterial (f) プレシオン アルテリアル	コスタ (海岸地帯)	costa (f) コスタ	時刻表	horario (m) オラリオ
血液型	grupo sanguíneo (m) グルーポ サンギネオ	小銭	sencillo (m) センシージョ	至急	urgencia (f) ウルヘンシア
下痢	diarrea (f) ディアレア	骨折	fractura (f) フラクトゥーラ	仕事	trabajo (m) トラバホ
ケンカ	pelea (f) ペレア	小包	paquete (m) パケーテ	仕事場	lugar del trabajo (m) ルガール デル トラバホ
玄関	entrada (f) エントラダ	断る	rechazar レチャサール	時差	diferencia horaria (f) ディフェレンシア オラリア
元気な	saludable サルダーブレ	ゴミ	basura (f) バスーラ	試食する	probar プロバール
現金	efectivo (m) エフェクティボ	ゴミ箱	papelera (f) パペレーラ	静かな	tranquilo(-la) トランキーロ(ラ)
検査	análisis (m) アナリシス	壊れ物	objeto frágil (m) オブヘト フラヒル	下着	ropa interior (f) ロパ インテリオール
現像する	revelar レベラール	壊れる	romperse ロンペールセ	下に	abajo アバホ
現地スタッフ	personal local (m) ペルソナル ロカル	混雑した	lleno(-na) ジェノ(ナ)	試着する	probarse la ropa プロバールセ ラ ロパ
こ		コンセント	enchufe (m) エンチュフェ	質問	pregunta (f) プレグンタ
硬貨	moneda (f) モネーダ	**さ**		指定席	asiento reservado (m) アシエント レセルバード
交換する	cambiar カンビアール	サービス	servicio (m) セルビシオ	始発電車	primer tren (m) プリメール トレン
交差点	cruce (m) クルセ	採寸する	tomar la medida トマール ラ メディーダ	支払う	pagar パガール
高山病	soroche (m) ソローチェ	再発行する	reexpedir レエスペディール	耳鼻咽喉科	otorrinolaringología (f) オトリノラリンゴロヒーア
工事中	en obras エン オブラス	財布	cartera (f) カルテラ	持病	enfermedad crónica (f) エンフェルメダッ クロニカ
公衆トイレ	baño público (m) バーニョ プブリコ	サイン (署名) する	firmar フィルマール	紙幣	billete (m) ビジェーテ

脂肪	**grasa** (f) グラサ
事務所	**oficina** (f) オフィシーナ
閉める・閉じる	**cerrar** セラール
ジャガイモ	**papa** (f) パパ
蛇口	**caño** (m) カーニョ
宗教	**religión** (f) レリヒオン
住所	**dirección** (f) ディレクシオン
充電する	**cargar la batería** カルガール ラ バテリーア
週末	**fin de semana** (m) フィン デ セマーナ
重要な	**importante** インポルタンテ
修理する	**reparar** レパラール
宿泊する	**hospedarse / alojarse** オスペダールセ／アロハールセ
手術	**operación** (f) オペラシオン
出血する	**sangrar** サングラール
出発する	**salir** サリール
首都	**capital** (f) カピタル
準備ができた	**estar listo(-ta)** エスタール リスト (タ)
紹介する	**presentar** プレセンタール
乗客	**pasajero(-ra)** パサヘーロ (ラ)
上司	**jefe(-fa)** ヘフェ (ファ)
症状	**síntoma** (m) シントマ
招待する	**invitar** インビタール
使用中	**ocupado(-da)** オクパード (ダ)
小児科	**pediatría** (f) ペディアトリーア
消費税	**IGV** (m) イヘベ
消防自動車	**carro de bomberos** (m) カロ デ ボンベーロス
消防署	**estación de bomberos** (f) エスタシオン デ ボンベーロス
賞味期限	**fecha de vencimiento** (f) フェチャ デ ベンシミエント
証明書	**certificado** (m) セルティフィカード
正面に	**enfrente** エンフレンテ
食あたり	**intoxicación alimenticia** (f) イントクシカシオン アリメンティシア
食事（昼食）	**comida** (f) コミーダ
食前酒	**aperitivo** (m) アペリティボ
食欲	**apetito** (m) アペティート
処方箋	**receta médica** (f) レセタ メディカ
知らせる	**informar** インフォルマール
知る	**saber** サベール
信号	**semáforo** (m) セマフォロ
申告する	**declarar** デクララール
新婚旅行	**luna de miel** (f) ルナ デ ミエル
診察	**consulta médica** (f) コンスルタ メディカ
寝室	**dormitorio** (m) ドルミトリオ
親戚	**pariente** (m,f) パリエンテ
診断書	**certificado médico** (m) セルティフィカード メディコ
新聞	**periódico** (m) ペリオディコ
深夜に	**a medianoche** ア メディアノーチェ

す

睡眠薬	**pastilla para dormir** (f) パスティージャ パラ ドルミール
スーツケース	**maleta** (f) マレータ
好きだ	**me gusta** メ グスタ
過ぎる	**pasarse** パサールセ
すぐに	**enseguida** エンセギーダ
涼しい	**fresco(-ca)** フレスコ (カ)
頭痛	**dolor de cabeza** (m) ドロール デ カベサ
ステレオ	**estereofonía** (f) エステレオフォニーア
すばらしい	**estupendo(-da)** エストゥペンド (ダ)
住む	**vivir** ビビール
スリ	**asalto** (m) アサルト
座る	**sentarse** センタールセ

せ・そ

税	**impuesto** (m) インプエスト
請求書	**factura** (f) ファクトゥーラ
税込みの	**impuesto incluido** インプエスト インクルイード
精算する	**liquidar** リキダール
成人	**adulto(-ta)** アドゥルト (タ)
生理	**menstruación** (f) メンストゥルアシオン
生理痛	**dolores menstruales** (m,pl) ドローレス メンストゥルアレス
生理用品	**toalla higiénica** (f) トアージャ イヒエニカ
背が高い	**alto(-ta)** アルト (タ)

★ 電話・通信編 ★

電話	**teléfono** (m) テレフォノ
電話帳	**directorio telefónico** (m) ディレクトリオ テレフォニコ
公衆電話	**teléfono público** (m) テレフォノ プブリコ
市内通話	**llamada local** (f) ジャマーダ ロカル
市外通話	**llamada nacional** (f) ジャマーダ ナシオナル
国際電話	**llamada internacional** (f) ジャマーダ インテルナシオナル
携帯電話	**teléfono celular** (m) テレフォノ セルラール
テレフォンカード	**tarjeta telefónica** (f) タルヘータ テレフォニカ
ファクシミリ	**fax** (m) ファクス
航空便	**por avión** ポル アビオン
船便	**por barco** ポル バルコ
インターネット	**internet** (m) インテルネッ

背が低い	bajo(-ja) バホ(ハ)
咳	tos (f) トス
席（乗り物）	asiento (m) アシエント
席を予約する（レストラン）	reservar la mesa レセルバール ラ メサ
窃盗	robo/asalto (m) ロボ/アサルト
セルバ（森林／密林地帯）	selva (f) セルバ
世話をする	atender アテンデール
世話をする（病人や子供）	cuidar クイダール
先住民	indígena (m,f) インディヘナ
ぜんそく	asma (f) アスマ
洗濯する	lavar ラバール
洗濯物	ropa para lavar (f) ロパ パラ ラバール
洗面台	lavabo (m) ラバボ
専門医	médico(-ca) especialista メディコ(カ) エスペシアリスタ
騒音	ruido (m) ルイード
掃除する	limpiar リンピアール
早朝（未明）	madrugada (f) マドゥルガーダ
外に	fuera フエラ

た

体温	temperatura corporal (f) テンペラトゥーラ コルポラル
体温計	termómetro (m) テルモメトロ
退屈した	aburrido(-da) アブリードゥ(ダ)
滞在	estadía (f) エスタディーア
大使館	embajada (f) エンバハーダ
大丈夫です	No se preocupe. ノ セ プレオクーペ
高い（高さが）	alto(-ta) アルト(タ)
高い（値段が）	caro(-ra) カロ(ラ)

タクシー乗り場	paradero de taxi (m) パラデーロ デ タクシ
助ける	ayudar アジュダール
たずねる	preguntar プレグンタール
立ち上がる	levantarse レバンタールセ
楽しむ	divertirse ディベルティールセ
タバコ	tabaco (m) タバコ
タバコを吸う	fumar フマール
打撲	contusión (f) コントゥシオン
だます	engañar エンガニャール
試す	probar プロバール
誕生日	cumpleaños (m) クンプレアーニョス

ち

血	sangre (f) サングレ
小さい	pequeño(-ña) ペケーニョ(ニャ)
チケット売り場	boletería (f) ボレテリーア
地図	mapa (m) マパ
チップ	propina (f) プロピーナ
中国料理	chifa (f) チファ
中古の	de segunda mano デ セグンダ マノ
注射	inyección (f) インジェクシオン
駐車禁止	prohibido estacionarse プロイビード エスタシオナールセ
駐車場	estacionamiento (m) エスタシオナミエント
朝食	desayuno (m) デサジュノ
直進する	ir derecho イール デレーチョ
直行便	vuelo directo (m) ブエロ ディレクト
ちょっと	un poco ウン ポコ

鎮痛剤	calmante (m) カルマンテ

つ

追加する	añadir アニャディール
通路側	lado del pasillo ラド デル パシージョ
疲れた	cansado(-da) カンサードゥ(ダ)
次の	siguiente シギエンテ
続ける	seguir セギール
包む	envolver エンボルベール
つなぐ	conectar コネクタール
爪	uña (f) ウニャ
爪切り	cortaúñas (m) コルタウニャス
冷たい	frío(-a) フリオ(ア)

て

手当てする	curar クラール
テイクアウトする	para llevar パラ ジェバール
定刻どおりに	a la hora establecida ア ラ オラ エスタブレシーダ
Tシャツ	polo ポロ
ティッシュ	kleenex (m) クリネクス
出口	salida (f) サリーダ
デザート	postre (m) ポストレ
手数料	comisión (f) コミシオン
手荷物	equipaje de mano (m) エキパヘ デ マノ
手荷物預かり所	guardarropa (m) グアルダロパ
テロ	terrorismo (m) テロリスモ
天気	clima (m) クリーマ
電気（灯り・照明）	luz (f) ルス
電球	foco (m) フォコ

天気予報	pronóstico meteorológico (m) プロノスティコ メテオロロヒコ	長い	largo(-ga) ラルゴ (ガ)	肺炎	pulmón (m) プルモン
伝言	mensaje (m) メンサヘ	流し(台所の)	fregadero (m) フレガデロ	バイク	moto (f) モト
店主	dueño(-ña) ドゥエーニョ (ニャ)	眺めのいい	buen panorama ブエン パノラマ	歯医者	dentista (m,f) デンティスタ
と		無くす	perder ペルデール	歯痛	dolor de muelas (m) ドロール デ ムエラス
トイレ	baño (m) バーニョ	なぜ	por qué ポル ケ	入る	entrar エントラール
到着する	llegar ジェガール	においがする	oler/huele a... オレール/ウエレ ア	ハウスワイン	vino de la casa (m) ビノ デ ラ カサ
盗難	robo (m) ロボ	荷物	equipaje (m) エキパヘ	吐き気	náuseas (f,pl) ナウセアス
同僚	compañero(-ra) de trabajo コンパニェーロ (ラ) デ トラバホ	入場料	entrada (f) エントラーダ	吐く	vomitar ボミタール
道路	camino (m) カミーノ	尿	orina (f) オリーナ	運ぶ	transportar トランスポルタール
登録する	registrar レヒストラール	庭	jardín (m) ハルディン	始まる	empezar エンペサール
遠回り	rodeo (m) ロデオ	**ね・の**		パジャマ	piyama (m) ピハマ
通り	calle ǀ (f) / jirón (m) カジェ/ヒロン	値段・価格	precio (m) プレシオ	場所	lugar (m) ルガール
時計	reloj (m) レロッ	熱がある	tener fiebre テネール フィエブレ	外す(体から)	quitar キタール
途中で	en el camino エン エル カミーノ	ネットに接続する	conectar a Internet コネクタール ア インテルネッ	バスで	en autobús エン アウトブス
徒歩で	a pie ア ピエ	眠る	dormir ドルミール	バス停	paradero de autobús (m) パラデーロ デ アウトブス
友達	amigo(-ga) アミーゴ (ガ)	捻挫する	torcerse トルセールセ	パソコン	computadora (f) コンプタドーラ
ドライヤー	secadora de cabello (f) セカドーラ デ カベージョ	喉	garganta (f) ガルガンタ	働く	trabajar トラバハール
トランク(車の)	meletera (f) マレテーラ	喉が渇いた	tener sed テネール セッ	はっきり	claramente クラーラメンテ
取り扱い注意	Manéjese con cuidado マネヘセ コン クイダード	飲み物	bebida (f) ベビーダ	発行する	expedir エスペディール
取引	negocio (m) ネゴシオ	飲む	beber ベベール	発車する	salir サリール
泥棒	ladrón (m) ラドロン	乗り換える	transbordar トランスボルダール	派手(衣服が)	llamativo(-va) ジャマティーボ (バ)
な・に		乗り損なう(電車に)	perder el tren ペルデール エル トレン	パトカー	patrullero (m) パトルジェーロ
内科	medicina interna (f) メディシーナ インテルナ	乗り物酔い	mareo (m) マレオ	話す	hablar アブラール
ナイフ	cuchillo (m) クチージョ	乗る	subir/abordar スビール/アボルダール	歯ブラシ	cepillo de dientes (m) セピージョ デ ディエンテス
直す(故障を)	reparar レパラール	のんびりする	relajarse レラハールセ	葉巻	puro (m) プーロ
治る(病気が)	curarse クラールセ	**は**		歯磨き粉	pasta de dientes (f) パスタ デ ディエンテス
		歯	diente (m) ディエンテ	早い(時間)	pronto プロント

速い (スピード)	rápido(-da) ラピド (ダ)	病院	hospital (m) オスピタル	包帯	venda (f) ベンダ
払戻し	reembolso (m) レエンボルソ	病気	enfermedad (f) エンフェルメダッ	ポーター	botones (m,pl) ボトネス
晴れた	despejado(-da) デスペハード (ダ)	標識	señal (f) セニャル	ホーム（駅）	plataforma (f) プラタフォルマ
番号	número (m) ヌメロ	拾う	recoger レコヘール	保険	seguro (m) セグーロ
絆創膏	cinta adhesiva (f) シンタ アドエシーバ	貧血	anemia (f) アネミア	保険料	prima de seguro (f) プリーマ デ セグーロ
反対側の	del otro lado デル オトロ ラド	**ふ**		**ま**	
半日の	de medio día デ メディオ ディア	不安な	preocupado(-da) プレオクパード (ダ)	迷子になる	perderse ペルデールセ
パンフレット	folleto (m) フォジェト	ブーツ	botas (f,pl) ボタス	前売り券	entrada anticipada (f) エントラーダ アンティシパーダ
ひ		夫婦	matrimonio (m) マトリモニオ	前に（位置）	delante デランテ
被害	daño (m) ダーニョ	フォルクローレ	folclore (m) フォルクローレ	前もって	con anticipación コン アンティシパシオン
日帰りの	para volver en el día パラ ボルベール エン エル ディア	腹痛	dolor de vientre (m) ドロール デ ビエントレ	曲がる	doblar/girar ドブラール ヒラール
引く（扉を）	jalar ハラール	二日酔い	resaca (f) レサカ	まずい（味）	mal sabor マル サボール
低い	bajo(-ja) バホ (ハ)	ブラシ	cepillo (m) セピージョ	待合室	sala de espera (f) サラ デ エスペラ
ヒゲ（頬髭）	barba (f) バルバ	古い	viejo(-ja) ビエホ (ハ)	間違う	equivocarse エキボカールセ
ヒゲ（口髭）	bigote (m) ビゴーテ	フロント	recepción (f) レセプシオン	窓	ventana (f) ベンターナ
ヒゲを剃る	afeitarse アフェイタールセ	紛失した	perdido(-da) ペルディード (ダ)	間に合う	llegar a tiempo ジェガール ア ティエンポ
飛行機で	en avión エン アビオン	**へ**		眉	ceja (f) セハ
非常口	salida de emergencia (f) サリーダ デ エメルヘンシア	平日	entre semana エントレ セマーナ	満室（掲示）	completo コンプレート
ピスコ	pisco (m) ピスコ	変圧器	transformador (m) トランスフォルマドール	慢性の	crónico(-ca) クロニコ (カ)
ピスコサワー	pisco sour (m) ピスコ サウワァ	返金する	reembolsar レエンボルサール	満席の	agotado(-da) アゴタード (ダ)
左	izquierda (f) イスキエルダ	変更する	cambiar カンビアール	満足した	satisfecho(-cha) サティスフェチョ (チャ)
ピッタリの (サイズが)	justo(-ta) フスト (タ)	便秘	estreñimiento (m) エストレニミエント	**み・む**	
必要な	necesario(-a) ネセサリオ (ア)	返品する	devolver デボルベール	右	derecha デレーチャ
ビデオカメラ	cámara de video (f) カマラ デ ビデオ	**ほ**		短い	corto(-ta) コルト (タ)
110番 (105番)	teléfono de emergencia (m) テレフォノ デ エメルヘンシア	方向	dirección (f) ディレクシオン	湖	lago (m) ラゴ
日焼けした	bronceado(-da) ブロンセアード (ダ)	暴行	violencia (f) ビオレンシア	未成年	menor de edad メノール デ エダッ
日焼け止め	bloqueador solar (m) ブロケアドール ソラール	帽子	sombrero (m) ソンブレーロ	見せる	mostrar モストラール

道に迷う	perderse	ペルデールセ
ミネラルウォーター	agua mineral (m)	アグア ミネラル
脈拍	pulso (m)	プルソ
みやげ	souvenir/recuerdo (m)	スベニール／レクエルド
名字	apellido (m)	アペジード
迎えに行く	pasar a recoger	パサール ア レコヘール
虫さされ	picadura de insectos	ピカドゥーラ デ インセクトス
無料の	gratis	グラティス

め

名所	lugar famoso (m)	ルガール ファモーソ
眼鏡	lentes (m,pl)	レンテス
目薬	gotas para los ojos (f,pl)	ゴタス パラ ロス オホス
目覚まし時計	despertador (m)	デスペルタドール
目印	punto de referencia (m)	プント デ レフェレンシア
珍しい	raro(-ra)	ラロ（ラ）
めまい	mareo (m)	マレオ
免税店	tienda libre de impuestos (f)	ティエンダ リブレ デ インプエストス

も

申込用紙	formulario de solicitud (m)	フォルムラリオ デ ソリシトゥッ
申し込む	solicitar	ソリシタール
毛布	frazada (f)	フラサーダ
モーニングコール	servicio de despertador (m)	セルビシオ デ デスペルタドール
目的	objeto (m)	オブヘート
目的地	destino (m)	デスティーノ
もしもし（電話をかけて）	aló	アロ
持っていく	llevar	ジェバール
戻ってくる	volver	ボルベール

や・ゆ

焼き増しする	copiar foto	コピアール フォト
火傷	quemadura (f)	ケマドゥーラ
安い（値段が）	barato(-ta)	バラート（タ）
薬局	farmacia (f)	ファルマシア
軟らかい	tierno(-na)	ティエルノ（ナ）
有効な	válido(-da)	バリド（ダ）
夕食	comida (f)	コミーダ
郵便番号	código postal (m)	コディゴ ポスタル
有名な	famoso(-sa)	ファモソ（サ）
緩い（衣服が）	flojo(-ja)	フロホ（ハ）

よ

幼児	niño(-ña)	ニーニョ（ニャ）
浴室	baño (m)	バーニョ
横になる	acostarse	アコスタールセ
汚れた	sucio(-a)	スシオ（ア）
酔った	borracho(-cha)	ボラチョ（チャ）
呼ぶ	llamar	ジャマール
予約する	reservar	レセルバール
弱い	débil	デビル

ら・り

ライター	encendedor (m)	エンセンデドール
ラジオ	radio (f)	ラディオ

流行の

流行の	de moda	デ モダ
両替	cambio (m)	カンビオ
料金（表）	tarifa (f)	タリファ
領収書	recibo (m)	レシーボ
料理	plato (m)	プラト
旅行	viaje (m)	ビアヘ

る・れ・ろ

留守番電話	contestadora (f)	コンテスタドーラ
冷房	aire acondicionado (m)	アイレ アコンディシオナード
レジ係	cajero(-ra)	カヘロ（ラ）
レンタカー	auto alquilado (m)	アウト アルキラード
レンタカー店	alquiler de auto (m)	アルキレール デ アウト
路地	callejón (m)	カジェホン
ロビー	lobby (m)	ロビー

わ

Yシャツ	camisa (f)	カミーサ
わかる	entender	エンテンデール
和食	comida japonesa (f)	コミーダ ハポネサ
忘れる	olvidar	オルビダール
私	yo	ジョ
渡る（道を）	cruzar	クルサール
割引	descuento (m)	デスクエント
ワンピース	vestido (m)	ベスティード

★ 両替編 ★

これをヌエボ・ソルに交換してください	Quiero cambiar esto a nuevo sol.	キエロ カンビアール エスト ア ヌエボ ソル
小銭もまぜてください	Deme también algo de monedas.	デメ タンビエン アルゴ デ モネーダス
銀行	banco (m)	バンコ
両替所	casa de cambio (f)	カサ デ カンビオ
為替レート	tipo de cambio (m)	ティポ デ カンビオ

絵を見て話せる タビトモ会話

ペルー （ペルースペイン語 + 日本語/英語）

絵を見て話せる タビトモ会話

＜アジア＞
① 韓国
② 中国
③ 香港
④ 台湾
⑤ タイ
⑥ バリ島
⑦ ベトナム
⑧ フィリピン
⑨ カンボジア
⑩ マレーシア
⑪ インドネシア
⑫ ネパール
⑬ ソウル
⑭ バンコク
⑮ 上海

＜ヨーロッパ＞
① イタリア
② ドイツ
③ フランス
④ スペイン
⑤ ロシア
⑥ フィンランド
⑧ ポルトガル

＜中近東＞
① トルコ

＜アメリカ＞
② カナダ

＜中南米＞
① ペルー

続刊予定

インド
イギリス
オランダ
チェコ
アメリカ
ブラジル
メキシコ
ハワイ
オーストラリア
スウェーデン
エジプト
ビジネス中国語

初版印刷	2010年1月15日
初版発行	2010年2月1日 (Feb.1,2010,1st edition)
編集人	大橋圭子
発行人	竹浪　譲
発行所	JTBパブリッシング
印刷所	JTB印刷
●企画／編集	海外情報部　担当　鈴木紀子
●編集／執筆	仲地摂、及川未也子、児玉さやか
●表紙デザイン	高多　愛（Aleph Zero, inc.）
●本文デザイン	Aleph Zero, inc. アイル企画
●翻訳	Elsa Torres Eda
●翻訳協力	イスパニカ (財)英語教育協議会（ELEC）/James Watt
●取材協力	高橋悦子、福田千文、Mario Castro Ganoza
●写真協力	Mario Castro Ganoza、Inti Raimi（インティ・ライミ 川崎）
●地図	ジェイ・マップ
●イラスト	やまとけいこ／霧生さなえ
●画文	玖保キリコ
●組版	JTB印刷

●JTBパブリッシング
〒162-8446
東京都新宿区払方町25-5
編集：☎03-6888-7878
販売：☎03-6888-7893
広告：☎03-6888-7833
http://www.jtbpublishing.com/

●旅とおでかけ旬情報
http://rurubu.com/

JTBパブリッシング

禁無断転載・複製
©JTB Publishing 2010 Printed in Japan
164405　758340　ISBN978-4-533-07754-8